ラガーさんの
嗚呼、青春の
甲子園あるある

JN265161

はじめに

皆さんこんにちは。「ラガーさん」こと、善養寺隆一です。

今年もまた、甲子園の夏がやってきました！

え！？　お前は誰だって？

そうですよね。僕のこと、知らない人の方が多いと思います。春・夏の甲子園大会のテレビ中継で、黄色い蛍光帽子にラガーシャツ姿で映り込んでいるおじさん、といえば、「あぁ、はいはい。見たことある！」とわかっていただけるかもしれません。

僕は、高校野球と甲子園球場が大好きです。大好きなあまり、同世代のＫＫコンビの頃から甲子園球場に通い詰め、１９９９年からは春・夏の甲子園大会全試合をバックネット裏の最前列で見続けています。まぁ、トイレでちょっと見逃した場面もあったかもしれませんが、その辺はご容赦ください。ちなみに東京の巣鴨在住です。

そんな僕のこだわりを面白がってくれたのか、今年の3月、オークラ出版から『甲子園のラガーさん』という自伝本を出す機会をいただきました。その中では、これまで僕が高校野球や甲子園球場とどう向き合い、どんな体験をしてきたかをまとめました。皆さん面白がって読んでくださったみたいで、甲子園球場の前にあるダイエー甲子園店の書籍コーナーでは、かつて阪神タイガースで監督を務めたこともある方の本よりも売れちゃったらしいです。恐縮です！　感謝で!!

でも、当たり前ですが、甲子園は自分だけのものではありません。

全国には、たくさんの甲子園ファン、高校野球ファンが存在します。

僕にとっては当たり前のことが、他の人にとっては不思議な体験だったり、僕にとっても皆さんにとっても共通の思い出として存在する甲子園の魅力もあると思います。

そこでこの本では、甲子園大会にまつわる、さまざまな「あるある話」をまとめてみました。

僕自身が甲子園球場で寝泊まりし続けたからこそ実感する「あるある」話をベースにしつつ、それだけだと偏ってしまうので、全国にいる高校野球の観戦仲間からも「あるある」話を募り、一冊にまとめたのがこの『嗚呼、青春の甲子園あるある』になります。

また、甲子園大会、高校野球を愛するさまざまな立場の人のお話を聞いてみたいと思い、仕事として甲子園球場に通い詰めるMLBアトランタ・ブレーブスのスカウトである大屋博行さん、元PL学園のエースとして甲子園のマウンドで活躍された日本テレビアナウンサーの上重聡氏さん、高校野球漫画『砂の栄冠』の作者である漫画家の三田紀房さんの三人と対談をしてきました。他では聞けない、かなりディープな内容になっていると思います。

ほかにも、編集部でまとめてもらった「甲子園にまつわるトリビア話」や、甲子園大会の歴史において〝この人だけは押さえておきたい〟という選手や監督の名鑑も付け加えています。高校野球観戦のお供として活用していただければ幸いです。

善養寺

ラガーさんの嗚呼、青春の甲子園あるある

目次

イニング1

甲子園あるある
大会序盤編

高校球児、そして高校野球ファンにとって特別な場所、甲子園。ここでしか味わえない特徴や大会序盤によくある風景を集めました。

001

甲子園練習と開会式のリハーサルは無料で観戦できる。

毎年、15日間に渡って繰り広げられる甲子園大会の熱戦。しかし、観戦熟練者にとっては開会式前に行われる各チームの甲子園練習や開会式リハーサルもチェックするのがお約束。選手や大会関係者同様、ここでファンも「リハーサル」を行うのだ。もちろん、選手の仕上がり具合をチェックすることも忘れてはならない。ちなみにこの練習やリハーサルは無料で見学することができる。高野連さん、太っ腹です。

002

「アルプススタンド」と命名したのは岡本太郎の父・岡本一平である、というウンチクをみんな言いたがる

甲子園球場にまつわるうんちく話の中でも特に有名なのがこの「アルプススタンド命名秘話」だろう。1929（昭和4）年、当時まだ朝日新聞の記者だった後の漫画家・岡本一平が、夏のスタンドを埋め尽くす白シャツ姿の観客を見てアルプスの雪原を連想したから、という説と、岡本一平に同行していた当時18歳の岡本太郎が「アルプスのようだ」と言ったのを父・一平が拝借した、とする説がある。

003

選手宣誓が年を追うごとに長くなってきた。

開会式のハイライトといえば選手宣誓。かつては紋切り型の、それこそまさに「宣誓」と呼ぶべき短めのタイプが多かったが、90年代頃から徐々に長めのスピーチになり、近年は時事問題や時代の空気も反映したまるで弁論大会のようなタイプが主流になってきた。ただ、どの宣誓も構成から工夫されていて、感動してしまうこともしばしば。甲子園に出場を果たすチームのキャプテンはやはり立派だなぁと痛感してしまう。

004

選手宣誓をしたチームは優勝できない、というジンクスがいまだに流布している

98年の夏の大会では横浜高校の小山良男主将が選手宣誓を務めた。この大会で横浜高校が優勝し、春夏連覇を達成したのはご存知のとおり。それでもいまだにこのジンクスはよく耳にするのはナゼだ？

005

何故かどの試合も2時間以内に終わる！

甲子園大会は1日に4試合をこなさなければならない、とてもタフなタイムテーブル。ナイターの電気代を抑えるためにもスピーディな試合展開が求められる。その結果、審判は選手にプレーのスピードアップを求め、きわどいコースは次から次にストライク。気づけばキッカリ2時間以内に試合終了することがほとんどだ。3時間、4時間の試合時間が当たり前のプロ野球にもぜひとも見倣って欲しい高校野球の特徴だ。

006

甲子園出場校が作る記念グッズ（帽子、タオル、うちわ）は、常連校より初出場校のほうがお金がかかっている気がする。

甲子園に出場する学校は、応援席で活用できる記念グッズを作るのが一般的。代表的なところでは、タオルやうちわ、日よけ帽子、応援Tシャツなどなど。常連校ほど定番グッズが好まれるが、初出場の学校ではその加減がわからず、また寄付金も多く集まることから、ついついお金をかけた豪華なグッズを制作することが多い。そんな気合いとプライドとお金のかかったグッズを愛でるのも、初出場校の楽しみのひとつだ。

007

ラッキーゾーンを知らない若者と会うと、自分は歳を取ったなぁと思う

ラッキーゾーンが撤去されたのは１９９１（平成3）年のオフシーズン。実に20年以上も経過しているのだ。最近ではラッキーゾーンがなくなってから生まれた高校球児が甲子園で戦っており、ラッキーゾーンがなくても、軽々とスタンドに打球を運んでしまう打者も登場している。ラッキーゾーンの存在を知らない会社の後輩がいても不思議ではない…。

008

生まれ変わったら夏の甲子園の舞台に立とうと思う元帰宅部

本当は泥だらけで仲間と青春を燃焼したかった。大人になった元帰宅部少年は、夏の球児を観て「生まれ変わったら俺も甲子園を目指そう」と、再びモラトリアムな妄想に浸るのであった。だが、入部するつもりはない

009

中間管理職となった今だからわかる体育会出身の若者のありがたさ

理屈はいいから、まず身体で仕事を覚えて欲しい。取引先には大きな声で爽やかに挨拶して欲しい。新入社員を預かる立場になってわかった体育会出身の若者のありがたさ。組織には規律正しい上下関係がやぱり必要だ。

010 ガッツマン球児を観るとうちの叩き上げ社長に可愛がられそうと思ってしまう

例えば、絶対絶命のピンチにひるまず仁王立ちするエース。ファイトをむき出しにする三塁手。打てなければ終わりというしびれる打席で「ヴイェァ～」と文字にすることが不可能な雄叫びをあげるバッター。ゆとり世代やさとり世代に悩みながら、人材の確保に苦悩する零細中小企業の経営者が求めるのは、こんなヤングガッツマンだ。仕事を覚えるのは後でいい。欲しいのは燃える心だ。（できれば折れそうな俺の心を焚き付けてくれ……）

011

逆転サヨナラ試合や延長戦や好ゲームの後、甲子園球場に余韻が残る事がある！

スピーディな進行が望まれる甲子園大会。どんなに劇的な幕切れであっても、校歌斉唱が終わり次第、選手たちは速やかに荷物をまとめて退場しなければならない。選手が誰もいなくなったグラウンドで、いそいそとグラウンド整備に励む阪神園芸の方々。その光景を眺めながら観客一人ひとりが先ほどまでの興奮を鎮めつつ感想戦を楽しむことで、試合終了後の甲子園球場にはなんともいえない不思議な空気を感じることができる。

012

場内放送の女性の美しい声に聞き惚れてしまうときがある！

よくも悪くもまだまだ「男の世界」の甲子園大会。女性マネージャーがベンチ入りすることはあっても、グラウンドに出ることが許されるのは、両チームのベンチ入りメンバー18名ずつと審判団4名の計40人の男たち。内野陣のかけ声も、ベンチからの指示も、審判のコールも、いずれも野太い声ばかり。だからこそ、場内アナウンスの声は一服の清涼剤だ。「声」を意識するあまり、代打が誰だったかを聞き逃してしまうこともある。

013

甲子園に来たものの、雨天中止という無情。どうでもいい気分で京都観光をする。

せっかく有給休暇をとって甲子園に来たものの、昨晩からの悪天候で4試合とも中止の無情。まぁいいさ、恵みの雨と喜ぶ球児もいるだろう。酷使された肩も休まるかもしれない。そう慰めながら京都観光で時間をつぶす。

014

ホームランが出ると、ついつい浜風はどちらに吹いているかを確認してしまう。

甲子園球場では、ライトからホーム方向へ海風が吹くことが多い。これぞ甲子園名物・浜風。この浜風が〝逆風〟となり、ライトスタンドへのホームランだと思った打球が平凡なライトフライになってしまうときがある。その一方で、通常はホーム方向へ吹くはずがレフト方向への風向きになって、レフトスタンドに届いてしまうことも。そのため、ホームランが出た後に風向きを確認したくなるが、そんなときに限って無風だったりする。

015

簡単そうに見えるフライでも、浜風に流されてむずかしいときがある

浜風、というと打球の飛距離への影響を考えてしまいがち。だが、高く上がった内野フライが取りにくくなったり、外野からのバックホーム送球の勢いが変わってしまったりと、守備面への影響力も意外と大きい。

016

大熱戦の試合のときほど、生理的にトイレに行きたくなるときがある

試合で区切りがついた場面で一斉にトイレに立ち上がるため、トイレ付近で大渋滞を起こしてしまうことも。ちなみに、球場内のトイレは2階より3階のトイレのほうが空いている。

017

甲子園大会と地方予選では甲子園大会のほうが外野の守備位置が深いような気がする

1934年、日米野球のために来日したメジャーリーグのスーパースター、ベーブ・ルースが「俺でもホームランを打つのは難しい」と語ったとされ、その広大さから「マンモス球場」の異名も持つ甲子園球場。高校球児にとってこのサイズの球場で試合をする経験は滅多にないため、外野手はついつい普段の守備位置よりも深く守りがち。その結果、ポテンヒットが増えるのもまた甲子園ならではの光景である。

018
去年の優勝校を思い出せないと色んな意味で悲しい

去年の大会がいまひとつ盛り上がらなかったからなのか。それとも、自分の記憶力が低下してしまったからなのか……。数年前の記憶となるとさらにおぼつかないことばかり。当たり前のことだが、毎年「優勝校」はひとつずつ増えていくのに、脳の容量は毎年減り続けていく。願わくば、二度と忘れることがないよう、脳の記憶中枢に深く刻み込まれる劇的な試合を期待したい。

019

長年高校野球を観てきたおかげで全国の地名を異様に知っている

地方予選をくまなくチェックするのは高校野球ファンの基本。すっかり全国の地名に詳しくなり「なんで知ってるの」と驚かれるケースも多々。見慣れた地名が紀行番組に現れると、かの地の強豪校に想いを馳せることも。

020

甲子園球場内観戦ツアーが意外とオススメ。

球場内の監督室やベンチ、さらにはグラウンドの中にも入れるだけでなく、お隣の甲子園歴史館にも入れるのでかなりオススメである。大人1500円、子ども1000円。所要時間は50分。

〈開会式あるある〉

021
入場行進の練習している高校かどうかはすぐにわかる。

022
箕島高校、池田高校など懐かしい高校が入場行進する姿に涙腺が緩んでしまう

023
前年度優勝チームが地区大会で敗れ、優勝旗返還のためにひとりだけで入場してくるのはとてもせつなくみえる。

024
開幕戦で始球式をする文部大臣。しかし、毎年人が変わっている

025
開会式で長々続くお偉いさんの挨拶。ちょいちょいはさまれる説教にうんざりしながらも風物詩だと思って我慢してしまう。

026
奥島高野連会長が挨拶で何回噛むかを密かに数えて楽しんでいる。

027
夏の甲子園の開会式で、あまりの暑さにプラカードの女子高生が倒れることがある。

028
最近の選手宣誓は右手を上げない。

〈大会中によくある風景〉

029 どうせ買わないのに、出場校ペナントをじっくりチェックしてしまう

030 球場内の売店かトイレに行く時、常にチケットを見せないと再入場出来ないので、めんどくさく思う時がある

031 試合が終わるとトイレが大渋滞！

032 バックスクリーンのスピードガンの数字が明らかに間違っているときがある！

033 スピードガンの位置が影響しているのか、左投手よりも右投手のほうがスピードが出やすい気がする

034 甲子園球場の通路の階段がけっこう急で登る時よりくだる時の方がこわい時がある

035 甲子園大会の通しチケット。春のチケットの色はいつもグリーンだが、夏は毎年チケットの色が違う

036 4試合ある日はスピーディーに試合を行うチームが好感を持てる

037 試合中、喫煙所にいる人たちが口にする素人評論が好き

038 大会によって打球の飛びかたが違うように感じるときがある

〈球場周辺あるある〉

039
朝、球場のまわりで犬の散歩やジョギングしている人が多い

040
夜、甲子園球場外周をランニングしている選手がいる

041
甲子園駅の改修工事が早く終わらないかと気をもんでいる

042
甲子園駅の改札を出ると球場まで小走りになる

043
通路を抜けスタンドに出ると「栄冠は君に輝く」のフレーズが頭に流れる

044
用もないのにダイエー甲子園店に寄りそうになる

045
甲子園は大阪府にあると思っていて兵庫県西宮市にあることを知らない人がいる

046
関東人にとって、甲子園期間中は正直、関西人がうらやましい

047
甲子園球場周辺のゴミ箱は、竹で編んだゴミ箱で歴史を感じる

〈甲子園と天候〉

048 浜風がふいていても、ライトポール際の打球が伸びることがある

049 試合内容よりも、天気や暑さや寒さのほうが気になるときがある

050 浜風は、午前中より午後のほうが強いような気がする

051 夏の甲子園大会で、試合中に突然雨が降ったりするが、意外と涼しくなるので気持ちよい時がある

052 センバツの雨は一日中降るが、夏の雨は短時間に降る傾向がある

053 甲子園球場から神戸方向に見える六甲山。雲で見えないと天気が悪くなる時がある

054 みぞれが降りそうなくらいの寒いセンバツの試合はムードがあってナイス

055 最近、夜の甲子園に蛾が増えてきたのは地球温暖化のせい？

ラガーさんと学ぶ

甲子園あるあるトリビア

夏の甲子園大会はじめて物語

そもそも夏の甲子園大会が始まったきっかけは何か。今から約100年前の1915（大正4）年、関西を拠点とする一大グループ企業・阪急の事業部に所属していた吉岡重三郎という人物が、朝日新聞社を訪ね、「（大阪の）豊中に立派なグラウンドができたから、何か盛大なことをやらないか？」と相談したのが発端だ。そこで朝日新聞社の田村木国（たむらもくこく）という運動記者が、「各地で試合をして、勝ったチームを集めて大会をやれば面白い」と提案して、その案が採用されたという。こうして世界でも類をみない、史上最大の野球大会が計画されたのだ。

第1回大会は主催の朝日新聞社が、全国各地の学校に出場を勧誘してまわったという。その苦労は様々だった。例えば野球熱の高い広島地方では、地方大会では恐れをなして誰も審判をやってくれる人がいなかったので、朝日新聞社の社員が審判を務めたという話もある。また山陰地方でも島根県と鳥取県の対抗が激しく、優勝戦はどこで行っても〝血を見る〟危険があり、試合は大阪に場所を移して行われた。結局、鳥取中（現鳥取西高）と杵築中（現大社高）は本大会より一足先に、豊中球場で「山陰大会決勝戦」として試合を行ったという。こうした苦労を重ねて発案からわずか1か月半後には、第1回大会が開催されたのだった。

ラガーさんと学ぶ

甲子園あるあるトリビア

生誕90周年！甲子園球場ができるまで

夏の甲子園大会の正式名称は、「全国高等学校野球選手権大会」という。甲子園球場でこの大会が開催されるようになったのは、以前は全国中等学校優勝野球大会とよばれていた第10回大会からだ。

前年の第9回大会は、鳴尾運動場を開催場所としていた。しかしそこで、ちょっとした事件が起こる。準決勝戦に詰めかけた観衆が鳴尾球場から溢れ出して、試合が中断してしまったのだ。これを契機に、周辺の都市開発を進めていた阪神電鉄は巨大球場の建設を決心。甲子園球場誕生へと繋がっていった。

当時、阪神電鉄の専務であった三崎省三という人物は、米国や英国への外遊経験もあり、阪神電鉄の路線付近を流れる武庫川を、ニューヨークのハドソン川やロンドンのテムズ川に見立てて、都市開発を進めた。そこで新球場も米国のニューヨーク・ジャイアンツの本拠地だったポロ・グラウンドを参考に建設。陸上競技やサッカー、ラグビーでも使用できるように設計したという。設計を担当したのは、京都大学出身の若き技術者、野田誠三という人物で、後に大阪タイガースのオーナー職にも就いている。

1924（大正13）年3月1日、いよいよ甲子園球場建設工事がスタート。敷地面積は

12000坪で、50段のスタンドを設置した内野を銀傘で覆い、外野は三段の土塁で敷き詰められた収容人数約6万人の大スタジアムの建設工事は、ほとんど昼夜兼行で進められたという。

幸い晴天が多かったこともあり、実質わずか4ヶ月半の間で「甲子園大運動場」は完成した。8月1日には阪神電鉄の沿線にある150余りの学校生徒、約2500人の少年少女が集まって陸上競技が行われ、これが甲子園球場の幕引きとなった。

ついに完成した甲子園球場で第10回全国中等学校優勝野球大会は開幕し、第一日、第二日と試合は進む。しかし観衆は内野スタンドを埋めるのがやっとで、なかなか外野席まで埋まることはなかった。関係者は「銀傘のある内野スタンドは埋まっても、外野まで埋まるのは少なくても5年、いや10年は掛かるのでは…」と心配したという。なにしろ設備の完全さ、施設の雄大さは〝東洋一〟である。誰もこれほどの広さの球場を見たことがなかったので、満員になる風景が想像できなかったのだ。

だがしかし、関係者たちの心配は杞憂に終わる。大会四日目の日曜日、試合開始前から内野スタンドは満席になり、午前10時にはついに外野スタンドまで満席となった。主催者側は慌てて「満員につき来場お断り」の掲示板を用意し、阪神電鉄の両終着駅に掲出したという。

当時の文献では、内野席から外野席までびっしりと観客で埋まったその風景を「人間の長城」と表現している。また翌年の11回大会では、阪神電車で甲子園球場にやってきた観衆は実に33万人余りを数え、徒歩入場者を合わせると36万人にも及び、「当時における我が国運動史上の大新記録を打ち立てた」と記されている。こうして甲子園球場の歴史はスタートしたのだった。

ラガーさん推薦
甲子園あるある名鑑　選手編①　1970年代以前

王 貞治／早稲田実業（東京）
1956年夏、1957年春夏、1958年春出場

東京に昭和初の優勝旗をもたらした血染めの熱投
世界のホームラン王・王貞治は投手として4度甲子園に出場。ノーワインドアップ投法を武器に、1957年の春には指先からの出血に耐えながら見事優勝投手に輝いた。

太田幸司／三沢（青森）
1968年夏、1969年春夏出場

碧い目をした元祖甲子園のアイドル
1969年。無名公立校のエースが夏の主役になった。松山商（愛媛）との決勝は0対0の延長18回引き分け再試合の末に惜敗も、その端正な憂い顔で観客のロマンをかき立てた。

原 辰徳／東海大相模（神奈川）
1974年夏、1975年春夏、1976年夏出場

父・貢との親子鷹で甲子園を沸かせたさわやかスラッガー
監督を務める父と共に東海大相模の名を全国に知らしめる。鮮烈な甲子園デビューを飾った1974年夏の準々決勝は、鹿児島実（鹿児島）・定岡正二とのアイドル対決と騒がれた。

イニング2

甲子園あるある
監督・球児・チーム編

全国約 4000 校の中から選ばれた 49 の代表校。そこから生まれる、名物監督やミラクルチーム、なぜか憎めない球児たちの「あるある」を集めました。

056

年下の監督が活躍し始めると「俺も年をとったな……」と感じる

監督といえば常人離れしたオーラを持つおじさん、もしくはおじいさんだった。自分が社会人になっても、その定石は不変である。同い年の監督でも年上にみえてしまう。しかし中年となったある日、新進気鋭の監督をみて思わず口から出た言葉は「若いな」。それを境に冷静な目で監督の年齢を判断できるようになったのはいいのだが、「俺も年をとったな……」という寂しさがつきまとうように。今ではおじいさん監督の身の処し方が気になってしょうがない。

057

理論派放任主義の若手監督が結果を出すと、何故だか否定したくなる

水を飲んじゃいけないという謎理論の時代が終わった今となっても、やっぱり高校球児は理不尽な猛特訓を乗り越えて甲子園にやって来て欲しい。目の前から監督が豪速球を顔めがけて投げつけるバント練習とか。最新のトレーニング方と戦術理論を駆使したプライベート放任主義の新興チームがスマートに勝ち上がると、頭では正解とわかっていても、どこか物足りなさを感じてしまう。泥臭い理不尽力の爆発も甲子園の一つの顔だ。

058

「この大会を最後に引退」という監督の背中に人生を感じる

1998年春、センバツ大会終了後の勇退が決まっていたPL学園の中村順司監督。センバツで優勝すれば「通算60勝」に手が届くことから、選手たちは「中村さんに60勝を！　優勝して胴上げを！」を合い言葉に順調に勝ち上がっていく。しかし、準決勝で怪物・松坂大輔を擁する横浜高校と対戦し、2対3で惜しくも敗退。それでも胴上げされた中村監督の姿に、長年に渡って選手から慕われ続けた名将の生き様を見た気がした。

059

太っているキャッチャーをみてノスタルジーに浸る

昭和50年代に少年時代を過ごした人間にとって、太ってないといけないキャラクターはキレンジャー（『秘密戦隊ゴレンジャー』）とキャッチャー。ずんぐりむっくりでも、巨漢でも、とにかく太ってないとしっくりこない。ポイントは豪打の鈍足であること。いつからだろう？キャッチャーが俊敏なイメージになったのは。浪商のドカベン・香川伸行のようなチャーミングなふとっちょキャッチャーの再来を願います！

060

投手を使い切った後、高校入学以来投手未経験の野手がマウンドにあがったときの高揚感

総力戦で投手を使い果たした。ならば投げられる奴でイケイケドンドンだ。そんな心荒ぶる展開が稀にある。06年夏の帝京対智辯和歌山戦がそう。この試合、壮絶な打撃戦の末、9回裏の帝京のマウンドには三人の野手が登る。そして豪快な逆転サヨナラ負けを喫してしまうのだ。

061

ストレート110キロ、カーブ80キロの軟投派エースをたまにはみたい

豪腕ばかりがもてはやされる昨今だが、魔法をかけたかのように遅球を操る軟投派エースも高校野球の醍醐味。水戸商のサブマリン・三橋孝裕投手（1999年春準優勝）の120キロの直球&80キロのカーブは今でも鮮烈な記憶として残っている。

062

アンダースローという ロマン

小さな巨人・里中智(『ドカベン』)の影響なのか、甲子園にはアンダースロー右腕投手がよく似合う。対戦校は左打者を並べた打線で揺さぶって欲しい。また、サイドスロー左腕の3番手投手という響きにもロマンを感じてしまう。

063

甲子園で本格派の投手が１５０キロ投げると、球場全体からため息がもれる

地方大会では球速１３０キロ台の投手が当たり前。１４０キロを投げることができれば十分〝速球派投手〟や〝超本格派〟と呼ばれるのも高校球児の特徴だ。それゆれ、甲子園球場にたまに出現する１５０キロオーバーの豪腕投手を目撃すると、いいモノを見た、という感覚になって溜め息が漏れることがある。しかし、１５５キロを超えると、溜め息からまた驚きの声に変わってしまうことも。いつか１５０キロを投げる豪腕投手同士の対決を見てみたい。

064

150キロオーバーの豪腕投手のほうがかえって打たれることがある。

甲子園に出場を果たすようなチームにはバッティングマシンが数台あるのは当たり前だ。速いだけ、の投手であれば十分に対応する力を持っている球児は結構多い。さらに金属バットゆえ、たまたま当たってしまっただけでも鋭い打球になることがあり、球速150キロを操るからといって簡単に勝ちあがることはできない。事実、大会最速投手が優勝を果たした例は意外と少ない。何事もバランスが大事なのだ。

065
サヨナラ四死球、サヨナラワイルドピッチ願います

「ああっ！」。熱戦は突然に終わりを告げる。敗者を労る拍手がさざ波のように甲子園を包む中、サヨナラ四死球や暴投、ボークで青春の舞台を降りる投手の心境はいかばかりか。こんなほろ苦い幕切れは延長戦でも多くみられる。作新学院・江川卓（1973年・12回）、高松商・河地良一（1978年・17回）、宇部商・藤田修平（1998年・15回）…。それは悲劇のヒーロー願望が強い高校野球ファンの胸が張り裂ける瞬間でもあった。

066

参考書を抱えて甲子園入りした進学校に「野球だけの学校に譲ってやれよ」と思ってしまう…

甲子園の宿舎でもしっかり受験勉強。もちろん目指すは現役合格。初戦で爽やかに散り、青春の思い出を抱えて母校へと戻る。そんな進学校の球児諸君、野球だけやってきた強豪校の球児に道を譲ってあげたまえ……

067

前半が打撃戦だと、意外と後半は投手戦になる

吹き荒れるヒットとミスの嵐。3回終わって1時間経過の乱打戦にマニア心がざわめく。「20対18を見たいな〜」。しかし、こんな乱打戦では往々にして2番手投手が好投。ゲームとマニア心を火消ししてしまうものだ。

068

内野5人など、トリッキーな守備シフトが敷かれた時の得した感

変則守備シフトは甲子園の見どころのひとつ。最近では、2013年夏の済美（愛媛）が花巻東（岩手）の小兵カットマン・千葉翔太にとった内野5人シフト。しかし策は実らず千葉は内野の包囲網を突破して2安打を放った。一方、大ピンチでこの策を成功させたチームは、1973年夏に怪物・江川卓の作新学院（栃木）をあと一歩まで追いつめた柳川商（福岡）であった。内野5人シフトで2度のサヨナラ負けのピンチを防いだのだ。こんなしびれる場面に出会えるとお得感も倍増だ。

069

気持ちで打ったポテンヒットは本当にあると思う

世知辛い世の中。大人になると気持ち次第で成果が出ると願いたいものだ。これまで積んできた努力を信じて、万感の想いでフルスイング！放たれた打球は内野手のグラブをわずかに越えてポトン。美しくて泣けてしまう。

070

エラー×鬼の形相の監督「御愁傷様です…」

人ごとながら「御愁傷様です」と囁きかけたくなるプチ事件が懲罰交代だ。大事な場面でエラーしたアイツは次の守りには着かないはず。そんな予感があたると妙な充実感と共に、なんともいたたまれない気分になる。

071
ベンチにひとりは難しい読み方の名字を持つ選手がいる

試合前の選手紹介の場面。ベンチ入りメンバーがズラッと表示されると、読み方が分からない名字の選手を発見することがある。「○○と読みます」と、アナウンサーが丁寧に紹介してくれるとホッとすることも。特に沖縄の代表校には難しい名字の選手が2〜3人いる場合がある。これは〝沖縄高校野球部あるある〟といえるだろう。

072

「島」からやって来たチームには「規格外」を夢見たい

地域差がなくなり北国勢もすっかり強くなった最近の甲子園。でもどのチームを観てもソツのないプレイが多くて一抹の寂しさを感じてしまう。そんな中、未だ観ぬ規格外のチームを求めるなら島の高校しかないだろう！　オリジナル戦術を磨き上げた個性的すぎる監督が、荒削りな島の子たちとどんな戦いで挑むのか。八重山商工のような魂にビンビンくるチームを待望！　エリート野球だけでは物足りないので、びっくりする規格外の野球を観たい！

073 「やまびこ打線」などキャッチフレーズがついた高校はなんとなくひいきしている

「港街は人情と気性の粗さがウリよ！」と押しまくる「黒潮打線」の銚子商（千葉）。鳴海海峡のうず潮になぞらえた「うず潮打線」の鳴門（徳島）。ロマンをかき立てるキャッチフレーズがついてこそ人気校といえるのだ。中でも、11人で準優勝した「さわやかイレブン」から、筋力むきむきにパワーアップした豪打の「やまびこ打線」へとキャッチフレーズをアップデートさせた池田（徳島）は別格。愛称さえも打ち崩した豪打ぶりに脱帽！

074 ＰＬ学園がもう25年以上優勝してないことに気づき、意外に思う

高校野球の代名詞的存在、ＰＬ学園が最後に甲子園を制したのは１９８７（昭和62）年。立浪和義（元中日）、橋本清（元巨人ほか）、野村弘（元横浜）、片岡篤史（元日本ハムほか）らを擁し、春夏連覇を達成した年までさかのぼらなければならない。「え？俺、ＰＬの校歌まだ歌えるよ！」という往年のファンほど驚くはず。自分がいかに年を重ねてしまったのか嘆いてしまう。現在のＰＬ学園は校長が監督を務め、チームを再建中だ。

075

どんなにグラウンドが荒れても、阪神園芸の〝魔術〟で元にもどる！

夏の日差しで凸凹に乾いても、豪雨で水浸しになっても、瞬く間にグラウンドを元通りにしてくれるのが阪神園芸だ。観戦マニアの中には野球ではなく、阪神園芸の魔術のようなグラウンド整備を見るのが目的の人も。

076

負けた球児が甲子園の土を集めやすいよう、阪神園芸がベンチ前の土を掘り起こしている。

試合終了後、すぐにベンチを後にしなければならない甲子園大会。敗者にとっての大切な儀式「甲子園の土集め」がスムーズに行えるよう、阪神園芸の方がさりげなく土を掘り起こして集めやすくしてくれることがある。

077 内野にひかれた白いラインを眺めて「藤村甲子園」に思いをはせる

水島新司が生んだ豪腕球児といえば『男どアホウ甲子園』の藤村甲子園。『大甲子園』ではグラウンド整備の達人である祖父と姿を現し、夏の甲子園でライン引き勝負を。球筋も生き様も「真っ直ぐ」にいきたいものだ。

078 年々、商業高校の出場が減ってきた

中京商業、高知商業、松山商業、銚子商業、広島商業、県立岐阜商業……かつて甲子園の覇者は商業高校ばかりだった。中京商業の流れをくむ中京大中京を別にすれば、1996（平成8）年の松山商業以降、商業高校の優勝チームは出ていない。それどころか、甲子園に出場を果たす商業高校自体が減ってきている。普通科志向で商業高校へ進学する生徒が減る中、それでもついつい、「古豪復活」を毎年期待してしまう。

079

夏の甲子園優勝投手はプロ野球で大成しない、というジンクスは、正しいようで正しくない

甲子園にまつわるジンクスのなかでも特に有名なこのフレーズ。夏の炎天下での酷使によって投手寿命を縮めてしまうから、という理由付けまで存在する。だが、桑田真澄、松坂大輔、田中将大など、このジンクスに負けずにプロでも活躍した投手は確実に存在する。それでもまだこのジンクスが語られるのは、甲子園決勝という大舞台で見せた超高校級のプレーがプロでは再現できなかった、数多くのエースたちの記憶があるからだろう。

〈監督喜怒哀楽〉

080
しょっちゅう勝っているのでインタビュー慣れしすぎていて、本音がわからない勝利監督インタビュー

081
選手時代を知っている監督だと「がんばれよ」とひいきしてしまう

082
観る度に巨大化していく平安・原田監督や大阪桐蔭・西谷監督にドキドキする

083
「この人、テレビカメラがいないと絶対人格が変わるな」と察する勝利監督インタビュー

084
鬼監督の年老いた姿に哀愁を感じる

085
野球経験のない監督が甲子園にくると「俺も監督やりたいな」と思う

086
ヒールと呼ばれる監督のえげつない采配を、心のどこかで楽しみに待っている

087
「あの時の監督が今…… 選手が今……」と、数十年スパンで高校野球を大河ドラマのように観てしまう

088
試合前のノックでキャッチャーフライをあげられず、手で上げてしまう監督がいる

〈甲子園球児の悲哀〉

089
4番打者がスランプに陥ることが多い

090
2年生で活躍しても3年生になるとダメになる選手がけっこう多い

091
ベンチの横に2名ずついるボールボーイがけっこう楽しそうにしている

092
ここ数年、ダルビッシュ有のようにハーフの選手が多くなった

093
疲労困憊のエースに代わって実力不足の2番手投手がマウンドにあがった時に流れる微妙な空気

094
自信満々でマウンドにあがる2番手投手に感じる一抹の不安

095
「10年に1人の逸材」が毎年のように現れる

096
試合に出てないのに、やたらユニフォームが汚れてる奴がいる

097
ファウルボールを追ってカメラマン席にダイビングする選手に盛り上がる

098
いつか両手投げのトンデモ投手が現れそうな気がしている

〈甲子園出場校の悲喜交交〉

099 試合に勝って校歌を大声で歌っている高校と歌わない高校がある

100 好成績で乗り込んできたチームが思いのほか小粒だった時の残念感

101 新チーム結成から負けなしでセンバツに乗り込んできた、さほど実績のないチームへの懐疑心

102 ガラの悪い高校がやってきた時のソワソワ感

103 地味な公立校に負けた強豪野球学校のナインの心中を察するとしのびない……

104 強豪校相手にリードしている弱い高校が最終回の守りにつく時に流れる不穏な予感

105 恵まれた身体から凡打を繰り返すバッターへの同情

106 地域ごとの実力差が少なくなった今、強豪校があっさり負けると何故か寂しい

107 最終回に代打出場した選手をみて「やつは思い出代打か、それとも本気代打か？」と勘ぐる

108 ガッツポーズなどの喜怒哀楽を控えている高校をみるとももやもやする

109 ピッチャーのコントロールが突然定まらなくなると「よし！ ここからひと山くるぞ！」とワクワクする

110 連打したりされたり、エラーしたり、暴走したり、という出入りの激しい試合運びのチームを応援してしまう

111 丁寧に外角低めをついて打たせてとるピッチャー&しっかりした守備といういぶし銀の高校を観て「俺も仕事がんばろう……」と心をあらためる

112 「この強豪を倒すには1×0で逃げ切るしかない」と思っていて、その通りの結果になった時の充実感

113 神奈川、大阪、愛知、東西東京など激戦区をついに勝ち抜いたのに、その時点で力尽きる公立校や初出場校

114 健康管理は大切と言いながら、心では「真夏の連投こそ甲子園の肝」と思っている

115 ある県の代表に、その県民がひとりもいないチームがある

116 最終試合、サヨナラゲームの直後に雨が降り出すような天候に、甲子園の奇跡を感じる

117 「21世紀枠」という制度をどう考えればいいいかまだつかめていない

118 実力下位チーム同士の投手戦に漂うもやもや感（特にしまった試合でもない……）

119 160cm台の選手は応援せずにはいられない。

本当にラッキーだったのは誰？甲子園とラッキーゾーン

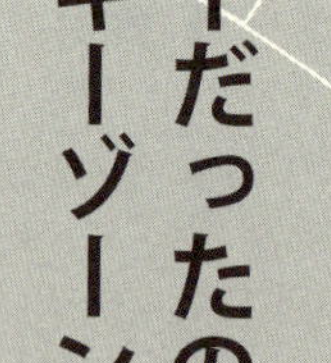

かつて甲子園球場には、ラッキーゾーンとよばれる地帯があった。1949（昭和24）年、甲子園球場の左右両翼からセンターにかけて、外野席より手前に金網のフェンスを設置。そのゾーンに飛び込んだ打球も本塁打とすることで、甲子園を本拠地とする阪神タイガースはホームラン量産を狙った。

しかし、このラッキーゾーンは高校野球でも必要かどうか、大会関係者間では問題になったという。当時の高校野球ではそれほど本塁打が出なかったので、ラッキーゾーンを取り外して元に戻し、走者が塁上を駆け巡る動きのある野球にしようという声が強く、関係者は球場側に金網ファンスの取り外しを依頼した。ところがこのフェンスの根元はかなりの量のセメントで固めてあり、取り外しは無理ということでやむなくラッキーゾーンを設置したまま、この年以降の夏の甲子園大会は開催されたのだった。

結局、ラッキーゾーンは1991（平成3）年のシーズンを最後に撤去された。当時はラッキーゾーンがなくなり「高校生だから本塁打が減るのでは？」という声も出た。しかしここで登場したのが、後に巨人やヤンキースなどで大活躍する星稜高校（石川）の松井秀喜。「ボクには関係ありません」と本塁打を量産し、92年春のセンバツ大会初戦で2打席連続本塁打、1試合7打点、2試合連続本塁打と、当時の大会記録を塗り替えたのだった。

ラガーさんと学ぶ

甲子園あるあるトリビア

人文字、チアリーダー、吹奏楽……甲子園名物「応援合戦」の歴史

近年、球児たちのプレーに負けるとも劣らない注目を集めているのが、甲子園球場のアルプススタンドに陣取った、出場校同士の応援合戦だ。ここではその〝甲子園の応援〟についての歴史を解説してみよう。

甲子園球場が開場した当時の応援は、出場校同士が見よう見まねで応援して、全く統率がとれていなかったという。そこで学校側がアルバイトとして応援団長を募集し、規律正しい応援をするよう依頼。しかし集まった団長たちはしょせんアルバイトで、その応援ぶりもただのドンチャン騒ぎに過ぎなかったそうだ。

第二次世界大戦直前の甲子園では、派手な応援は禁止。閉会式は「万歳」で終わりにしなければならず、スタンドの観客は総立ちで「万歳三唱」を繰り返した。また軍人や官僚が幅を利かせ、専用の観戦席ができるなど、甲子園のスタンドは混迷を極めた。

戦後になると、応援スタイルも様々な形式がみられるようになる。戦前では考えられなかった女子チアリーダーの出現、ブラスバンド演奏での応援、さらには「人文字」応援など、現代的な応援が始まった。ブラスバンドの応援は、神奈川県の高校野球大会史によると１９６４（昭和39）年、夏の県大会で初めて、京浜女子大横浜高校と神奈川県立高校の吹奏楽連盟が、合同演奏を行ったとある。おそらくこの辺りから、各校でもブラスバンド応援が行われたと推測できる。

ラガーさん推薦

甲子園あるある名鑑

選手編②　1980年代

荒木大輔／早稲田実業（東東京）

1980年夏、1981年春夏、1982年春夏出場

社会現象となった「大ちゃんフィーバー」に負けなかった甲子園のアイドル

1980年夏。5試合無失点で決勝までかけ登った1年生エース・荒木大輔の甘いルックスに若い女性達が熱狂。しかしそんな喧噪に負けず、5季連続出場を果たしたのは見事。

桑田真澄／PL学園（大阪）

1983年夏、1984年春夏、1985年春夏出場

清原とのKKコンビで「PL最強時代」を築いた大エース。

甲子園通算20勝3敗。優勝2回、準優勝2回、ベスト4が1回。抜群の球のキレとコーナーワークで打者を手玉にとり、1年の夏から最強PLのエースとして勝ち星を積み重ねた。

清原和博／PL学園（大阪）

1983年夏、1984年春夏、1985年春夏出場

「甲子園は清原のためにあるのか！」とアナウンサーに言わしめた最強打者

5季連続の通算26試合で13本塁打（歴代1位）、4割4合、29打点を記録。1985年夏、高知商・中山裕章から放ったホームランは甲子園最長不倒距離と言われている。

イニング3

元ＰＬ学園投手・上重 聡氏インタビュー

PL 学園の元エース、日本テレビアナウンサーの上重聡さんに、横浜高校との伝説の試合の裏側や松坂投手との交友録まで、貴重なエピソードを聞きました！

「人生の延長戦はまだ続いている」

1998年8月20日、高校野球ファンだけでなく、日本中が熱狂した試合があった。横浜高校（神奈川）対ＰＬ学園（大阪）、延長17回の死闘は、甲子園のベストバウトに挙げる人も多い伝説の一戦だ。これまでさまざまな角度から検証されてきたこの試合を、マウンドとバックネット裏で対峙していた二人で振り返ると何が見えてくるのか⁉　甲子園バックネット裏の住人・ラガーさんが、あの日マウンドで主役を演じた一人、元ＰＬ学園のエース投手である日本テレビアナウンサー上重聡さんに話を聞いた。

《「打倒！横浜」「打倒！松坂」という目標があったからこそ》

ラガー　上重さん、初めまして。僕にとってはお久しぶりなんですけど。いやぁ、横浜高校との延長17回の死闘が懐かしいです。あの試合も、その前のセンバツの準決勝で横浜と対戦したときもバックネット裏で観戦していたんですよ。

上重　ありがとうございます。私もラガーさんのこと、存じ上げてますよ。

ラガー　えー！　そんなこと言ってもらえると嬉しいですねぇ。

上重　先日、フィギュアスケートの安藤美姫さんとお話をしたら、「緊張しないために常に会場のいろんなところを見るようにしている」とおっしゃっていたんですけど、私もそうだったんですよ。普段からマウンドではスタンドをあちこち見回していました。だから、バックネット裏に毎日来ている方の顔とかは大体分かったりしますし、時折いろんな方を見て「ああ、友だち来てる」なんてことを思ったりしながら投げていましたね。

上重聡
（かみしげ・さとし）
大阪府八尾市出身。1996年にPL学園に入学し、1年生ながら甲子園ベンチ入りを果たす。98年はセンバツと夏の大会に出場。どちらも優勝する横浜高校と対戦し惜敗。その後、立教大学に進学し、東京六大学野球でも活躍。2000年には東京六大学野球史上二人目となる完全試合を達成している。2003年に日本テレビに入社し、野球やボクシングなどのスポーツ中継を多数経験。また「ズームイン!!サタデー」の総合MCなど数多くの現場で活躍している。

プレイバック！
横浜高校　対　ＰＬ学園

1998年、横浜高校とＰＬ学園は、甲子園球場を舞台に二度に渡って激闘を繰り広げた。

最初の対戦は第70回選抜高等学校野球大会の準決勝。この試合はＰＬ学園の2枚看板、稲田学・上重聡の継投策と、横浜高校のエース、松坂大輔による投手戦となったが3対2で横浜が勝利。横浜はその勢いのまま決勝戦も勝利し、見事センバツ優勝を成し遂げた。

そして夏、第80回全国高等学校野球選手権大会準々勝。史上5校目の春夏連覇を目指す横浜高校と、リベンジに燃えるＰＬ学園は準々決勝で激突。センバツとは違って打撃戦となったこの試合は9回で決着がつかず延長戦に。突き放す横浜と追いつくＰＬという図式のまま迎えた延長17回表、横浜が2点本塁打で勝ち越しし、3時間30分をこえる試合に終止符が打たれた。

松坂はこの試合、ひとりで250球を投げ抜いたが、「延長18回制は長過ぎる」との意見が続出。この試合をキッカケに、延長戦は最大18回制から15回制に短縮変更されることとなった。

PL学園のエースだった上重聡

チーム	1	2	3	4	5	6	7	8	9	10	11	12	13	14	15	16	17	R
横浜	0	0	0	2	2	0	0	1	0	0	1	0	0	0	0	1	2	9
PL学園	0	3	0	1	0	0	1	0	0	0	1	0	0	0	0	1	0	7

写真協力：朝日新聞社

ラガー 僕ら高校野球ファンにとっても忘れられない試合なんですけど、実際にプレーした選手はどう思っていたのかをお聞きしたいと思いまして。

上　重 そうですね。平成の名勝負と言っていただけたり、甲子園中継でも毎回ＶＴＲを流していただいて、皆さんの記憶に本当に深く刻まれた試合だったんだなというのを、年月が経つほど感じています。自分たちにとっては、センバツでの敗戦もあったので期するところがあったというか……。人生の縮図じゃないですけど、仲間と協力すること、強い者に向かっていくこと、努力したものが結果として表れること……いろんなものが詰まった試合でしたね。

ラガー 人生の縮図ですかぁ。いい話ですね。

上　重 あの試合を戦ったメンバーで集まることがあるんですけど、よく話すのは「延長戦はまだ続いているんだぞ」「人生での戦いはまだまだこれからだぞ」と。野球じゃないかたちではあるんですけども、みんなで競い合ってやっていこう！　ということはずっと言い続けています。その先頭をずっと走り続けてくれているのが松坂大輔（ニューヨーク・メッツ）です。ペースメーカーじゃないですけど、目指す人間が常に前で一生懸命走ってくれているというのはありがたいですね。

ラガー 松坂投手だけじゃなく、あの試合を経験したメンバーからその後たくさんのプロ野球選手が出たことも、あの試合のスゴさを物語っていますよね。

上　重 そうかもしれないですね。でも、自分たちの代はどちらかというとＰＬの歴史の中でも〝小粒〟っていわれていたんです。

ラガー　えー？　けっこう強かったと思うけどね。

上重　その強くなったひとつの要因がやっぱり横浜高校です。前年の秋季大会も大阪では2位でしたし、近畿大会もベスト8で負けています。決して強いチームじゃないと思うんですね。でも、ＰＬには名物の「冬の練習」というものがありまして、そこでみんな一気に成長するんです。その厳しい練習を経て、春のセンバツで横浜高校と試合ができたことで、「自分たちよりもスゴイ選手がいる、強いチームがいる」と、一気に目標を上げてくれたことは大きかったと思います。「打倒！横浜」「打倒！松坂」という目標があったからこそ、その後自分たちも成長できて、夏の大会でも競った試合ができたんだと思います。

ラガー　いやいや、上重さんの代もやっぱりスゴイ選手が揃ってましたよ。

上重　でも、たとえばＰＬ学園同士でどの世代かという話をするときに、「桑田さん・清原さんの代だね」とか「福留さんの代だね」と、活躍した選手名が出てくるんですけど、自分たちは「松坂の代だね」って言われるんですよ（笑）。

ラガー　えぇ！　それってアリですか！？（笑）

上重　だから僕らは、それをいつか変えたい、とずっと話していました。自分たちの代の誰かがプロに行って活躍すれば「あぁ、今○○で活躍してる上重の代だね」となるんじゃないかと。でも、結局今でも「松坂の代だね」と言われてるんですけど（笑）。逆にいえば、我々の世代において松坂大輔というのは、それぐらい象徴的な存在なんですよね。

《日本経済がストップし、売り子さんが売るのをやめた試合》

ラガー　さっき、「冬の練習が厳しかった」と言ってましたけど、具体的に横浜対策としてどんなことをやったんですか？

上　重　走る量がとにかくハンパじゃないと思います。実は駅伝の大会に野球部の選抜チームで出たことがあるんです。全国高校駅伝の大阪代表になるのってだいたい清風高校で、さすがにその清風には敵いませんでしたが、それ以外の高校には勝ちましたからね。それぐらい、走りこみの量は本当にスゴかったと思います。だから、肉体的には足腰が鍛えられたという面と、「俺たちは冬の間にあんな厳しい練習をしてきたんだ」「秋とは全く違うチームになってるぞ」という精神的な強さが身に付いたんだと思います。

ラガー　確か上重さんたちの代、センバツが終わったあとに中村順司監督から河野有道監督に変わりましたよね？　練習内容も変わったんですか？

上　重　春のセンバツで中村さんが最後ということが決まっていまして、センバツで優勝するとちょうど甲子園通算60勝だったんですよ。だから、「監督に60勝という大台に乗ってもらって、優勝して胴上げするぞ！」というのがモチベーションでした。でも、準決勝で負けてしまって……まあ胴上げはしたんですけども。その後にコーチだった河野さんが監督になったんです。外から全く新しい方が入ってきたらまたちょっと違ったのかなと思いますが、もともとコーチだった方がそのまま監督になったので、全く違和感はなかったですね。

ラガー 横浜戦のPL学園の先発は稲田投手でしたけども、上重さん自身「先発で投げたい！」という希望というのは？

上　重 夏はちょっとありました。でも。前の日に完投していたというのもありましたし、横浜が左ピッチャーをちょっと苦手にしているというデータもあったので、春も夏も左の稲田が先発に起用されました。だからよく、「延長17回大変だったね。痛くなかった？」って言われるんですけども、私は7回からなので……でも、大輔は全部放ってるじゃないですか。どうも皆さんの記憶の中では私も最初から放ってることになってるんですよね。ただ「7回からなんです」と言って、「じゃあそんなに大したことないんだ」と思われるのも嫌なので（笑）、あまり否定せずに、しれーっと17回投げたことにしている自分に今は罪悪感があります。でも、先発してみたかったですね。最初から大輔と投げ合っていたらどんな試合になっていたかなというのは考えたこともあります……まあ、タラレバの話なんですけどね。

ラガー 朝8時半ぐらいから始まってお昼頃に終わったんですけど、時間が過ぎるのがあっという間の試合でした。

上　重 会社に入ってからも「お前のせいで出社が遅れた」とか「仕事が手につかなくてお昼休みまでずっと見てた」と文句を言われたことがあります。ある意味で日本経済をストップさせた試合だったんだなと（笑）。自分でもよく憶えているのは、緊張をほぐすためにいつものようにスタンドを見回していたら、ある時から売り子さんが売るのをやめて、通路に座って試合を見ていたんですよ。売り子さんが売るのをやめた試合ってあの試合が最初で

ラガー　最後なんじゃないかと。
上　重　売り子さんも見入っちゃうってスゴいよね。
ラガー　あとは、試合時間が長くなってしまって、審判団からすごく急かされた印象がありますね。準々決勝だから1日4試合。その第1試合でこんなに長くなったら最後はどうなるんだよ！っていう（笑）。だから、途中のグラウンド整備とかもなかったんですね。その結果、ゴロが何度もイレギュラーしたりとか……。
上　重　あぁ！　あの試合、確かに守備のミスが多かったですよね。そうかぁ、かなり暑かったしグラウンドが乾いてヒビ割れを起こしちゃったんですね。よく、第4試合になるとグラウンド整備が追いつかなくてエラーが多くなったりするんだけど。
ラガー　あの試合では、ショートの選手がたぶん4つか5つエラーしてるんです。最初にイレギュラーしたボールを見て、「バウンドが常に跳ねるんじゃないか」とトラウマになってしまったみたいで。5回に1度整備がありましたけど、その後はたぶん延長17回までグラウンド整備は入ってないと思います。意外に勝敗を左右している部分でもあるんですよね。
上　重　そういう理由があったんですか。近くで見てても、ショートのグラウンド状況まではなかなかわからないからね。腑に落ちましたよ。

《松坂大輔との同部屋生活で学んだこと》

ラガー　上重さんの代というのは、松坂投手、村田修一選手（東福岡高／現巨人）や杉内俊哉投手（鹿児島実業高／現巨人）など、プロでも活躍する選手がとても多い世代ですよね。横浜高校以外で対戦して苦労したチームはどこになりますか？

上重 そうですね……印象に残っているのは、明徳義塾高（高知）も強かったですし、敦賀気比高（福井）にはカープに進んだ東出輝裕がいたりとか、対戦したどの高校も強かったんですね。でも、やっぱり横浜の印象が強すぎて……あと、基準が横浜高校になっているので、「この投手が打てないと松坂は無理だ」とか、「このぐらい打てないと横浜には勝てないぞ」と考えるようになってしまって、こういうと何だか申し訳ないんですが、他のチームのことはあまりライバルとして見たことがなかったですね。

ラガー それぐらいバチバチにライバルとして意識してしまうと、試合が終わってもライバル関係が続く気がするんです。でも、よくテレビでも上重さんと松坂さんは仲がいいって紹介されてますよね。どう馬が合うんですか？

上重 対戦するだけだとあまり接点がないんですけど、大会後に高校全日本に選ばれて、大輔と1ヵ月弱ぐらい2人部屋で一緒だったんですよ。当時の全日本の監督はPLの中村監督だったので、今考えると中村さんの計らいというか。大輔からいろいろ刺激を受けるんじゃないかということで、たぶん同部屋にしてくださったんだと思います。お互い、ちゃんと話したのはその時が初めてだったんですけど、むしろ昔から何でも知っている仲みたいにスーッと入っていけたというか……戦友じゃないですけど、同じ価値観や時間を共有したあの試合の中にいた二人だからこそなのか、一気に距離が縮まる感覚がありました。確か大輔もそんなことを言っていたと思います。

ラガー　実際に、何か学んだり、刺激を受けたことはあったんですか？

上　重　一番衝撃だったのが「大輔って緊張しないの？」と聞いたら、「緊張？　しないよ。だって俺は普通に投げれば抑えられるもん」と。それを聞いたときは、「こいつは別世界の人間だ！」と思いましたね。あと、「帽子のツバ裏に何書いてるの？　例えば『平常心』とか書く人いるじゃん？」と聞いたら、「え？　だって平常心の人は『平常心』なんて書かないでしょ。その時点で平常心じゃないじゃん」って（笑）。やっぱり最後に強い人間って、自分に自信を持っている人だと思うんですよね。じゃないと大舞台でいいパフォーマンスはできないと思います。

ラガー　メジャーリーガーになった今でもその部分は変わらないですか？

上　重　いや、メジャーでの初先発のときに「緊張した」と言ってましたし、ヤンキース戦も緊張するって言ってましたね。むしろそれを聞いて「メジャーリーグっていうのはさらに別世界なんだな」と思いました。

《投手とアナウンサーは似ている》

ラガー　上重さんご自身も、高校の時も大学の時もプロ注目と言

われていたと思うんです。その中であえてというのは変ですが、アナウンサーの道を選んだのはなぜですか？

上重　高校の時もできればプロに行きたいと思っていたんですが、大輔と出会ってしまって「ああ、こういう選手じゃないとプロでは活躍できないのかな」と思ってしまったんです。その時点でもプロに行けるかもしれないけど、活躍できるかどうかの自信がなかった。じゃあ大学の4年間でもう一度鍛えてからプロに行こうと思ったんです。実際、大学2年の時にリーグ戦で完全試合もできて、だんだん自分の中で手応えをつかんでいった矢先に肘を故障してしまって……。

ラガー　それはいつですか？

上重　3年生の秋です。小学2年で野球を始めてから、それまで大きい怪我というのは一切したことがなかったんですね。それが、プロ入り目前という時期に大きな怪我をしてしまって、そこで自分の限界というか……手術をしてリハビリをしても100％の状態には戻らないかもしれないとわかったときに、ここまで一生懸命頑張ったからいいんじゃないか？みたいな境地になってしまったんです。大学に進学した時点で「この4年間でプロになれなかったら野球をやめよう」というのは決めていたので、じゃあもう野球をここでキッパリと諦めて違う道に進もうと思い、アナウンサーの道を選びました。

ラガー　いろんな選択肢があると思うんですが、なぜアナウンサーを？

上重　アナウンサーを選択したのは、甲子園の取材やインタビューを受ける中で、言葉の持つ力、影響力というのを感じていたんですね。あと、実は人前で話すことは苦手というか大嫌いだったんですよ。でも、それまでは自分の一番好きな野球というものを中心に人生を送ってきたので、今度は大嫌いなことを人生の主においたら、それはそれでまたおもしろいんじゃないか。嫌いなこと、コンプレックスがあることの方が、「うまくなりたい」「どうにかして改善したい」と思って人生を送れるんじゃないかと思ったんですよね。

ラガー その大嫌いなものは、今どういうポジションになってるんですか?

上　重 アナウンサーになってすぐの頃に、「アナウンサーでも完全試合を目標にします」と言ったら、先輩アナに「アナウンサーに完全試合はありません!」と言われたんですね。常に課題は残るし、ここはこうすれば良かったというのが必ず残る仕事だと。でも、それがあるからこそアナウンサーっておもしろい職業なんだよ、と言われて。

ラガー 深いですねぇ。

上　重 はい。「完璧がないからこそおもしろい」と言われた時には衝撃を受けましたね。あと、投手とも共通点があるんですよ。たとえば、投手って登板日が決まったら、今日はダッシュ、明日はピッチング……と逆算して準備をしていくわけです。アナウンサーも一週間後に巨人戦を実況しますとなったら、そこに体調を合わせて、調べものなどの準備をして最高の状態を作り上げていく。そしてマウンドに上がったら、放送席に座ったら、もうやるしかない。そこで出たものがパフォーマンスであり、そこで臨機応変に対応する力も必要だったりする。投手とアナウンサーは似てるなぁというのは、最近特に思うようになりましたね。

《ＰＬ学園あるある……阪神園芸がグラウンド整備してくれる》

ラガー　この本では「甲子園大会に関するあるある話」をまとめてるんですけど、ＰＬ学園にとっての甲子園あるある、またはＰＬ学園のあるあるを教えてもらえませんか？

上重　そうですねぇ……甲子園期間中は、地元の兵庫県代表や大阪府代表でも、みんな宿舎に泊まるんですね。僕らの頃はＰＬ学園って寮だったので、ホテル住まいがもう嬉しくて嬉しくて。

ラガー　ああ、そっか！　寮よりも自由が利くわけですね（笑）。

上重　はい（笑）。普段寮にいるときは外出も難しいし繁華街なんかに行くチャンスはないんですけど、大阪代表の宿舎はミナミにあったので、もう目の前が繁華街なんです。意味もなく繁華街を歩いたりしましたね。で、わざと「ＰＬ学園」と書いてあるＴシャツを着てですか。「おーっ！」と言われるのが嬉しくてしょうがなかったです。あと、ご飯も豪勢じゃないですか。たぶん他校の選手って甲子園期間中は体重が減ると思うんですけど、ＰＬの選手はたぶん増えますからね（笑）。それぐらいリラックスしているというか。それはたぶんＰＬならでの「あるある」だと思います。

ラガー　ＰＬ学園といえば研志寮は有名ですもんね。けど、やっぱり上下関係とか厳しかったんですか？

上重　厳しかったです。やっぱり練習も厳しかったですし、寮生活なのでずっと先輩と一緒というのが……でも、だからこそ、あれだけ厳しい寮生活をして甲子園に行けなかったら何なんだ!? と考えるんですよね。甲子園には絶対行っておかなきゃいけないという使命感。だからよく、PLの後輩には「PL学園は『甲子園に行ける学校』じゃなくて『甲子園に行かなきゃいけない学校』だよ。こんな厳しいことをやってて甲子園に行けなかったら報われないよ」と言っているんです。それぐらい高校野球ファンも待ってますし、PL学園という名前があるだけでその大会がグッと盛り上がる感じもしますからね。

ラガー そうそう。他の高校も見たいけど、やっぱり甲子園にはPL学園が似合うんだよね。

上重 甲子園大会でよく、「緊張して普段通りの野球ができませんでした」というコメントを聞くじゃないですか。あれはもったいないないですよ。私は「甲子園はご褒美」だと思ってやっていました。ご褒美なんだから緊張なんかしてたらもったいない! あれだけ厳しい練習をしてきたんだから、もう楽しんで、自分たちの最高のパフォーマンスをしようと。そういう部分がPLの強さだと思います。

ラガー PLといえば、有名なOBがたくさんいますけど、OBの方とのつながりみたいなのはありますか?

上　重　甲子園で試合がある日に、例えば松井稼頭央さんがちらっとグラウンドにやってきてくださったりはあるんですが……それ以外は特にないですかね。甲子園に出ると差し入れでタフマンが送られてきたりはありましたけど。

ラガー　宮本（慎也）さんですかね（笑）

上　重　あとは、毎年、春季キャンプが終わるとそのキャンプで使っていたボールが大量に送られてくるんですよ。「巨人」とか「ヤクルト」って書いてあるボールを我々は練習で使わせてもらってました。だから、たぶん高校球界で一番いいボールを使っているのはＰＬだと思います。

ラガー　そりゃスゴい！　贅沢ですねぇ。

上　重　ええ、贅沢です（笑）。贅沢といえば、年に一度、甲子園球場のグラウンド整備も担当している阪神園芸さんがＰＬ学園に来てグラウンド整備をしてくださるんです。土も甲子園とほぼ同じだと思います。だから、大学に行ってからいろんな高校の話を聞くたびに「ＰＬってやっぱり特別なんだな」というのは感じましたね。

ラガー　ＰＬの強さの秘密が少しわかった気がします。でも全国には他にも強豪校、名門校ってあると思うんですけど、ここまでプロで活躍している数が多いのはＰＬだけだと思います。その理由というか秘訣というのは何だと思いますか？

上　重　先ほど「練習が厳しい」という話をしましたけど、全体練習の時間に関していえば、たぶん普通の公立高校と同じくらいだと思うんです。でも、ＰＬではその後の自主練習の時間が長いんですね。自分に足りないものは何かを考えて練習する、というのを３年間常にやっています。たぶんプロって事細かに指導されるんじゃなく、自チームの状況を見て、自分が生き残るためにはこの部分を磨かなきゃいけない、と考えることが求められると思うんです。PLの選手はそれと同じことを高校時代からしているので対応力があるのかなぁと。

ラガー　桑田さん、清原さん、立浪さんとか、高卒からすぐに結果が出せるのはそういう理由があるんですねぇ。

上　重　あと、PLは特別な練習をしていると思われがちですが、本当に基本に忠実というか、基本を大事にした練習しかしないんですね。その基礎の部分がブレない。そういう部分がプロに行っても活躍できる秘訣なんじゃないかなと思います。私はプロに行ってないのであくまでも想像ですけど。

《観客の皆さんが醸し出す雰囲気が魔物の正体》

ラガー　上重さんが甲子園と高校野球を通じて経験したことで、今に生きてるなと思うことはなんですか?

上　重　そうですね……やっぱり何事にも強くなったというか。桑田さんがよく「自分がいま置かれた状況で常にベストを尽くせ。それが悔いを残さないことだ」と仰っているんですけど、自分もその通りだと思うんです。現状を嘆くんじゃなく、その現状でベストを尽くすことが明るい未来につながる。自分は1年生の時にも甲子園でベンチ入りしたんですけど、2年生の時はスランプ気味だったこともあってメンバーから外れたんです。でも、そこで腐らずに、その時にできるベストのことをしたからこそ、3年になってまた甲子園に戻ることができたんだと思います。

ラガー　甲子園には魔物が住むってよく言うじゃないですか。上重さんは、魔物に会いました？

上　重　私は、甲子園の魔物は「観客」だと思っています。観客の皆さんが醸し出す雰囲気が魔物の正体。最終回に逆転劇やドラマが数多く生まれるのは、観客の皆さんが期待する雰囲気に選手が引き込まれてしまうからこそ生まれるんじゃないかなって。

ラガー　ＰＬも逆転劇は多かったけど、確かに最後にドラマが生まれるのが高校野球の魅力ですよね。そこに観客の力が影響しているっていうのは、何だか責任も感じますね。

上　重　でも誤解して欲しくないのは、やっぱり高校球児って応援されると嬉しいですし、観客が多い方が頑張れるんです。高校野球って日本のひとつの文化だと思いますし、毎年春と夏の風物詩でもある。そんな高校野球を支えてくれているのがファンの存在であり、球児の力をパワーアップさせてエンジンを吹かせる動力こそが皆さんの声援だと思うんです。私も今は野球から離れているので、いちファンとして高校野球を応援して盛り上げていきたいなと思います。

ラガーさんと学ぶ

甲子園あるあるトリビア

夏の甲子園を支える人たち

夏の甲子園大会は、さまざまな人たちに支えられて開催されている。開会式に代表校名のプラカードを持って選手を先導するプラカードガールは、1949（昭和24）年第31回大会から登場。以来、兵庫県西宮市立西宮高校の2年生の女子生徒のなかから選考されている。このプラカードガールになりたいがために、同校へ入学する生徒もいるとかいないとか。

「1番、○○君…」と、聞き覚えのあるウグイス嬢について。甲子園球場に専属のウグイス嬢が登場したのは、1953（昭和28）年の春のセンバツ大会から。また飲み物や甲子園名物〝かち割り〟を販売している売り子たちは、昭和30年代から現れた。〝かち割り〟とは、砕いた氷を袋詰めにしたモノ。プロ野球の試合では販売されておらず、夏の甲子園期間中の限定販売品だ。

飲食といえば、甲子園球場では昔からカレーライスが大人気。球場開設時から販売され、昭和初期には1日1万食以上も売れたそうだ。当時はひと鍋300人分の鍋で、1日に3回も作るなど、従業員は大忙しだったという。

球場開設時に大活躍していたのが、ボーイスカウトたち。開設時は東洋一の広さを誇った甲子園球場では、迷子や通路で迷う人が続出。彼らは迷子を救出し、手旗信号で観客を誘導していた。そういえばバックネット裏に座って全試合を観戦するラガーさんも、大会を支える人物……といえるのかもしれない。

ラガーさん推薦
甲子園あるある名鑑

剛球列伝　1990年代

江川卓／作新学院（栃木）

1973年春夏出場

全国の強豪校が攻略に燃えた怪物・江川卓こそ甲子園最強投手

プロ時代よりもすごかった高校生の江川卓。甲子園歴はわずか6試合ながら、センバツ記録の60奪三振をマーク。最後の夏は県予選を全試合完封・被安打5で勝ち上がってきた。

松坂大輔／横浜（神奈川）

1998年春夏出場

「怪物」の称号を受け継いだ春夏連破の豪腕

防御率1．00の快投で名門・横浜に春夏連覇をもたらした「平成の怪物」。1998年夏はPL学園（大阪）との激闘を超え、京都成章との決勝をノーヒットノーランで締めた。

田中将大／駒大苫小牧（南北海道）

2005年春夏、2006年夏出場

メジャーリーガーをぶっちぎる豪腕は甲子園でもすでに健在

豪速球と高速スライダーで圧倒した田中将大。2005年夏は2連覇に貢献。翌夏は決勝で早稲田実業（西東京）に3連覇を阻まれるも、「負けてなお恐るべし」の凄みをみせた。

イニング4

甲子園あるある
テレビ中継編

甲子園球場に行けずとも、甲子園大会を愛でることはできる！　テレビの前で一喜一憂する大人たちと、マスコミにまつわる「あるあるる」を集めました。

120
センバツは「学校紹介」、選手権は「ふるさと紹介」というのは意外と知らない

ＮＨＫの甲子園中継で初戦を迎える甲子園出場校の試合前に、必ず流れる紹介ＶＴＲ。実はセンバツでは「学校紹介」と、選手権大会では「ふるさと紹介」という異なるタイトルで放送されているのをご存じだろうか?。センバツは同じ都道府県から出場する学校があるので、「学校紹介」とし、それに対して選手権大会は都道府県別に出場校が決まることから、地元を紹介する「ふるさと紹介」と、タイトルに違いがあるのだろう。

121

学校紹介やふるさと紹介のオルゴールのようなＢＧＭに癒やされる

夏の甲子園大会の「ふるさと紹介」のコーナーで、ＢＧＭとして耳にするのがこれ。オルゴールのやさしい音色に癒やされながら、思わず「雲はわき、光あふれて……♪」と口ずさんでしまう。

122

試合の合間に放送される「白球の記憶」が面白い

過去の名勝負や名場面を振り返る「白球の記憶」。ＰＬ学園のＫＫコンビや池田高校のやまびこ打線など、当時を思い出さずにいられない懐かしの映像を密かに楽しみにしているファンも多いはずだ。

123

「白球の記憶」で怪物・江川卓の孤独に想いを馳せる

雨、照明、延長戦、満塁フルカウント。そんなビンビンくる場面で作新学院・江川卓が投げ込んだ渾身の直球はボール。嗚呼。無情。毎年この瞬間を眺めては、怪物の孤独に心を寄り添わせるのがツウというもの。この時、野手が初めてマウンドに集まって「好きなボールを投げろ！」といった話もまた泣ける。なお「白球の記憶」では中京商対明石中の延長25回の手書きスコアボードを眺めて「おお〜」とつぶやくのも紳士のたしなみ。

124
プレイボールのサイレンにあわせて「ウ〜」と言ってしまう

さあ。プレイボール。ワクワクした気持ちを押さえられず「ウ〜」と言ってしまうのがおちゃめなファン心。いきなり痛烈な初球ヒットに「ウ〜」から「ウワッ」に切れ目なくスライドするのはちょっとした応用編。

125
「ここでニュースをお届けします」。↓あれ、逆転されてる……。

それなりに気を使ったタイミングで流される試合中のニュース。株価なんてどうでもいい。ヘロヘロのエースは無事か？　不安は的中。ニュース中に逆転されるのがお約束。またニュース中に攻撃終了もベタなパターン。

126

「ナイスボール！ これまでやってきたことを出しましょう！」解説者の励ましに球児の未来をみる

強豪相手にワンサイドでやられまくる地味な公立校。エースがめった打ちにあい、打線は沈黙。最終回のマウンドには経験不足の３番手投手が。１０８キロのストレートが外角低めにキマる。解説者から声が飛ぶ。「ナイスボール！」。これまでやってきた努力の成果を、胸を張ってみせてやればいい。大人は仕事の納め方が大切だと知っているのだ。たとえ今日は負け戦でもきちんとコトを収める姿勢があれば、きっと次の舞台へと道は開かれるはずだ。

127

あきらかに誤審だろうという時には流れないリプレイ

緊迫した試合を微妙な空気が包む。「セーフだろう」。もやもやする判定（誤審）に「鍛えられてますねえ」とファジーな言葉で濁す放送席。当然リプレイは流れない。触れちゃいけないことをスルーするのが大人ってもんだ。

128

名将が解説席に座る関西の甲子園中継がうらやましい

帝京・前田三夫監督、横浜・渡辺元知監督など、名将たちの生解説がきける関西系テレビ局の甲子園中継。例えば、常総学院・木内幸男監督の意表をつく采配に渡辺監督がひと言、「わかりません」。あぁ、うらやましい。

129

席を外す仕事はお断り。大会中はデスクワークをしながらUstreamで試合観戦

Ustreamでライブ中継してくれるMBS（春）とABC（夏）はエライ！　パソコンで甲子園を観られるようになったおかげで、大会期間中の仕事はとにかくセーブ。外出や打ち合わせなんてもってのほか。ひたすらデスクでコツコツできる仕事をチョイスするのがファンの鏡。えっ。売り上げ？

甲子園が観られるならそんなのは落ちてもいいのである。（笑）ちなみにデスクトップ左上にUstreamのウィンドウ、右側にワードやエクセルなどとポジショニングを上手くとれば少しは仕事がはかどる、のかな？

130 移動中は「イニング速報」「実況板」「ツイッター #koko yakyu」などをぐるぐる巡りながら、リアルタイムで戦況を把握しようとする

デスクワークをしながらUstreamで甲子園を観る優雅なひと時、だったのにどうしても出掛けないといけなくなった。人はみな生きるために働かないといけない。人生ってのは厳しいものだ。しかし頭の中は試合の行方でいっぱい。移動中はスマホを片手に「イニング速報」「実況板」「ツイッター #koko yakyu」などを巧みな指さばきでリロードしまくって、戦況をひたすらチェック。ああ。早く帰らないと試合が終わってしまう……（汗）

131

注目の対決を録画して外出 そんな日はスマホをいじらない

試合結果を絶対に目にしないという決意でスマホを封印。駅の売店の前を過ぎる時は新聞から目をそらす。高校野球の結果が見出しに踊ることはほとんどないのだが、念には念を入れるかた〜い守備をとるのが吉なのだ。

132

大会期間中に何度か、阿久悠の「高野球詩」を検索する

劇的な幕切れでゲームセット。何かをやり残したかのような敗者の顔が見える。ほろ苦い結末であればあるほど「阿久悠だったらこんなひとコマをなんて詠むだろう」。そう思って彼の「高校野球詩」をあさってしまう。

133

決勝戦翌日の朝刊に載る「優勝監督の横顔」を楽しみに待つ

優勝日翌日のお約束。それは朝刊の2面に小さく載る「優勝監督の横顔」的な記事。挫折を乗り越えて大輪の華を掴んだドラマや、生徒の生活態度からあらためさせた苦労話などに触れて、我が身を引き締めるのだ。

134

「泣くな別所センバツの花だ」などの名キャッチを超える見出しを心待ちにしている

見出しで泣きたい。1941年、折れた左腕を三角巾でつって投げ続けた滝川中・別所毅彦は翌朝の新聞で「泣くな別所 センバツの花だ」と讃えられた。コレ最高。でも、もっと泣きたいのでどんどん名キャッチを！

135
学校紹介VTRで行われる部員たちの謎の小芝居が結構好きだ

練習を中断し、おもむろにホームベース付近に部員が集合。中心に位置する主将が大声でチームを紹介し、締めのセリフ後、なぜか部員たちが歓喜する。この野球部員たちの小芝居じみた演技は、意外と面白かったりする。

136
NHKで観戦する派と朝日放送で観戦する派がいる

大会期間中はテレビにかじりつく野球ファン。その中で〝派閥化〟するのがNHKで観戦する派と、朝日放送（ABC）で観戦する派だ。主に関東在住者はNHKで、関西在住者は朝日放送の図式が成り立っている。

137

とくに思い入れがない場合は住んでいる場所から近い方を応援する。

同じ県の代表校→隣の県の代表校→同じ地方（東北、東海、九州など）の代表校という順番で応援するチームを選んでいく。最終的には東日本か西日本かというザックリとした区分でも良しとしてしまうのはご愛嬌。

138

「熱闘甲子園」の特集は自分が応援していない方の高校ばかり。

献身的なマネージャー、キャプテンの秘めたる思い、補欠選手との約束……毎回、深く掘り下げた特集を組んでくれる朝日放送の「熱闘甲子園」。でも、自分が応援していない学校ばかりが取り上げられるのはなぜ？

139 チームに同じ名字の選手がいると「兄弟か？」と思うが、実況が解説してくれる

試合開始直前の選手紹介の際に、同じ名字の選手を目にすると思わず「兄弟か？」と気になってしまう。たまに「○○君と○○君は兄弟ではありません」と、ご丁寧に紹介してくれる実況アナウンサーもいる。

140 夏休みの朝、寝坊して起きると甲子園が放送されている

社会人なら土・日曜日、学生だったら夏休み。いつもより遅く起きた朝にテレビをつけると、甲子園大会が放送されている。筋金入りの野球ファンなら朝はＭＬＢ、昼は甲子園、夜はプロ野球の黄金コースが待っている。

141

観戦中にうとうとしていると、金属音にビクッとなって目が覚める

第1試合からテレビ観戦。第2試合、第3試合と進むにつれて、昼過ぎにビールを呑みながら観戦途中にウトウト…。その時、突然鳴り響く「カキーン！」という金属音で、ビクッとしながら目が覚めることがしばしば。

142

好投手を攻略するには？の問いに解説者は「引きつけて逆方向」「バントなどで揺さぶる」など、決まったことしか言わない

試合中のアナウンサーと解説者のやりとり。剛速球を流し打ったり、セーフティバントを決める高等技術を持っている打線なら、最初から苦労しないだろ…と思わずにはいられない。

143 夏の甲子園を観ていると安〜いアイスやスイカを食べたくなる

幼い少年の夏。一番の楽しみはアイスとスイカ。アイスは1日に1本だけ買ってもらえるチープなアイスで上等。アタリが出たらもう1本的な。昼下がりのテーブルに用意されるスイカには軽く塩をふって、ペッと種をはいて夏を味わう。そんな夏の思い出に、ブラウン管から流れる甲子園の風情はセットでメモリーされている。たまには甲子園×安〜いアイス・スイカのコンビネーションで、あの日の少年にタイムスリップしてみるのもいいものだ。

144

雨天中止の日に、ぼんやりとＮＨＫ教育の番組を観ている……

勢い勇んでテレビをつけたが甲子園が映らない。雨天中止の日の喪失感を埋めるため、ＮＨＫ教育で植物の成長を早回しした映像などをぼんやり眺めながらチルアウト。そんな気持ち、ファンならわかるはず。

145

閉会式の終わり。「また来年。ありがとうございました」というアナウンサーに返事をしてしまう

閉会式まで観ている酔狂なファンにアナウンサーがお別れを告げる。感謝を込めて。それには礼儀正しく「こちらこそ」と返事をするのがマナー。同時にブラウン管超しに繋がっているファンにも「また来年」とご挨拶を。

〈甲子園報道あるある〉

146 「白球の記憶」で延長25回に及んだ中京商対明石中の対戦が流れると、毎回「おお〜」とつぶやく

147 「学校紹介」で流れる風景を観て、故郷を思い出す

148 「学校紹介」で流れる風景を観て、旅に出ようかなと思う

149 試合開始直前、画面に縦書きでレイアウトさせた対戦校の名前をみると燃える

---

150 閉会式が終わり、中継の最後に流れるＮＨＫの編集映像はかっこよくて好き

151 閉会式でのメダル授与、準優勝チームの控え選手もちゃんとひと言ずつ紹介するアナウンサーのリズム感が好き

152 もうこの試合は決まったなぁ……と他のチャンネルに変えてしばらくしてチャンネルを戻すと試合がひっくり返ってる

153 チャンスに三振しても「いやあ○○君、ピッチャーに向かっていく姿勢は立派だったと思います。」とコメントするアナウンサー

154 ＮＨＫの実況アナウンサー担当者一覧に小野塚康之アナの名前がないと不安になる

〈その他、新聞・雑誌・ネット〉

155 チアガールが表紙の「朝日新聞増刊・甲子園」を書店で見つけると夏の到来を感じる

156 「日刊ゲンダイ」に載る、辛口の高校紹介記事が実は好き

157 年々、『野球太郎』の高校野球特集号でラガーさんページが増えてきた気がする

158 試合速報、試合結果を伝えるだけなのに「ここから先は有料」というサイトにぶつかると頭にくる

159 甲子園中継を見始めると気づいたら夕方になっている

160 第4試合がナイター試合になり、放送終了からそのままプロ野球中継を観られる喜び

161 休日、朝から夕方まで全4試合を観ている時に家族から浴びせられる冷たい目線

162 田舎の地元チームが甲子園で大旋風を起こし、町が空っぽ状態に…

163 外回りの途中、喫茶店で甲子園中継が流れているとなかなか店を出られない

164 「感動、青春!」の押し売りに冷める自分と、やっぱり感動する自分との間で価値観が揺れる

ラガーさんと学ぶ
甲子園あるあるトリビア

夏の甲子園・報道物語

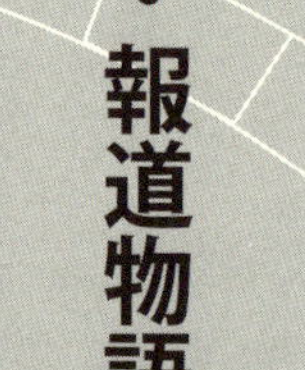

甲子園大会期間中は、どうしても各試合の結果が気になるもの。今でこそインターネットが普及し、どこにいてもリアルタイムで試合状況が分かるようになった。

しかし1922（大正11）年の第8回大会では、こんな出来事もあった。和歌山中対神戸商の決勝戦は7回まで4対0と神戸商がリード。地元神戸の新聞社は夕刊の締め切りの都合で、まるで神戸商が優勝したような記事を書いてしまった。ところが試合のほうは8回に入って和歌山中の打線に火がつき、あっという間に逆転。結果、4対8で神戸商は逆転負けして、和歌山中が優勝した。当時はテレビもなければラジオもない。唯一の情報収集源として、新聞が欠かせない時代である。その夕刊を読んだ神戸市民は皆、神戸商が優勝したと思い大騒ぎ。ところが翌朝の朝刊には、和歌山中が優勝したとある。神戸市民にとっては、まさに青天の霹靂だった。

時代が昭和に入った後の1927（昭和2）年、第13回大会から初めてラジオの実況中継を開始。この実況を担当したのが、元球児の魚谷忠（うおたにただし）アナウンサー。上司から「野球経験者は魚谷だけだから、ひとりで全部やれ」と命令され、8日間に渡る全試合をひとりで実況中継したそうだ。さすがに全試合を実況するとは、全試合観戦するラガーさんもビックリである。

ラガーさん推薦
甲子園あるある名鑑　選手編③　1990年代

大野 倫／沖縄水産（沖縄）

1990年夏、1991年夏出場

沖縄の夢をかけてマウンドに立ち続けた「壊れたエース」

沖縄水産が沖縄勢悲願の初優勝に2年連続でリーチをかけた1991年夏。大会前から肘を壊していた大野倫は壮絶な覚悟で決勝までのマウンドに立ち続け、投手生命を散らした。

松井秀喜／星稜（石川）

1990年夏、1991年夏、1992年春夏出場

「5打席連続敬遠」に堂々と耐えたゴジラ最後の夏

満を持して優勝を狙った1992年の夏。2回戦でぶつかった明徳義塾（高知）・馬淵史郎監督がとった松井対策は「勝負をしない」ことだった。これぞ希代の大打者の証だ。

福留孝介／PL学園（大阪）

1994年春、1995年春夏出場

メジャーリーガーをぶっちぎる豪腕は甲子園でもすでに健在

1年生でPL学園の4番に座り、プロ注目のスラッガーとして3度甲子園に出場。1995年夏の北海道工（南北海道）戦では満塁を含む2打席連続ホームランで面目躍如。

ラガー魂
センバツ
第86回選抜高等学校野球大会
第1日
第4日
第7日
第9日
第10日
中央特別自由席券
予備券〈2〉中央特別
7又は8号入場門
常時入場券をお持ちください。
連券
連券料金 ¥20,000
毎日新聞社／日本高等学校野球連盟

イニング5

漢画家・三田紀房氏
インタビュー

『クロカン』『甲子園へ行こう！』『砂の栄冠』など、甲子園を舞台にした数多くの高校野球漫画を手がけてきた漫画家・三田紀房先生に話を聞きました！

「監督や選手の目線に何が映っているのか。そこはちゃんと描きたい」

高校野球や甲子園大会を連想しようとするとき、高校名や選手名、具体的な試合のエピソードを浮かべる人がいる一方で、「高校野球漫画」のワンシーンを思い浮かべる人も少なからずいるのではないだろうか。そのくらい、高校野球漫画は長い歴史と強い影響力を持っているジャンルなのだ。

そこで、『クロカン』『甲子園へ行こう！』などの高校野球漫画をこれまで上梓し、現在も『砂の栄冠』を週刊ヤングマガジンで連載中の漫画家・三田紀房氏にインタビュー。漫画だからこそ描くことができる「高校野球の真実」について話を聞いた。

『砂の栄冠』

創立100年目での甲子園初出場を目指し地区大会決勝に挑む、埼玉の名門・県立樫野高校。しかし、エース中村の奮闘空しく、最後の最後で力つきてしまう。新チームに移行し、キャプテンに指名された七嶋は、熱心な野球部のファンである老人から極秘裏に一千万円という大金を託される。高校、監督、仲間、全てが頼りない状況の中、七嶋は資金を駆使して甲子園を目指す！

▶『砂の栄冠』にはラガーさんのように甲子園バックネット裏で毎日観戦する甲子園フリークも重要な役で登場する。

※7月4日に最新18巻が発売。
8月6日に19巻が発売予定。

三田紀房
（みた・のりふさ）

岩手県生まれ。大手百貨店勤務などを経て30歳で漫画家デビュー。高校野球を監督の視点から描いた『クロカン』や『甲子園へ行こう！』などで人気作家に。東大合格請負漫画『ドラゴン桜』は2005年7月にテレビドラマ化され、同年、第29回講談社漫画賞（一般部門）、文化庁メディア芸術祭マンガ部門優秀賞受賞。現在、週刊ヤングマガジンで高校野球漫画『砂の栄冠』、週刊モーニングで投資をテーマにした『インベスターZ』を連載中。

《普通の公立高校がどうやったら甲子園に行けるのか》

ラガー　いやぁ、三田先生には一度じっくりお話を聞いてみたいと思っていたので、今日は興奮しています。もうね、この『砂の栄冠』は観戦仲間の間では評判なんです。1000万円で甲子園に出るっていう発想が面白いですよね。

三　田　ありがとうございます。やっぱり、「普通の公立高校がどうやったら甲子園に行けるのか？」と考えたときに、ただがんばりました、努力しました、だけじゃストーリーとして平凡！面白味に欠けるんですね。じゃあ、そこにお金を絡めたら面白くなるかな、ということで生まれた作品ですね。

ラガー　実際、高校野球にはお金がかかるって言いますもんね。遠征費用とか、道具代とか。百万円単位ですぐになくなっちゃう。『砂の栄冠』の中では、300万円でプロのノッカーを雇ってましたけど、ああいうのは誰かモデルがいるんですか？

三　田　具体的なモデルがいるわけではないんですけど、強豪校だと監督さんはノックなんかしないで、監督室でお茶をすすってるような人が多いわけですよ。ノックバットを握るのは専門の若いコーチ、部員数の多い学校であればノック専門の部員がいたりするわけです。そういう専門性をちゃんと描いてみたいな、と思ったのがキッカケですね。

ラガー　ノッカーもそうですけど、左右両手投げやサッカーのフリーキックでのバッティング練習、宝塚歌劇団を観に行くとか、独創的なアイデアがたくさん出てきますよね。そういうネタやアイデアは取材して仕入れたりするんですか？

三　田　そのへんのエピソードは取材ではないですね。オリジナルというか……物語として描く以上、かなり思い切った表現にしないとダメなんですね。『巨人の星』の大リーグ養成ギブスじゃないですけど、多少はリアリティを逸脱するくらいでちょうどいいんです。だから、かなり漫画的な表現を意識して出てきたアイデアになりますね。

ラガー　そうですよね。両手投げの投手とか、現実の世界じゃあり得なさそうですもんね。

三　田　ただ、この「両手投げ」は僕なりのひとつの確信ではあるんですよね。以前、ヤクルトの由規投手と対談したことがあるんですが、その時の会話で「実は僕、左利きなんですよ」という話をしてくれたんです。

ラガー　仙台育英高（宮城）だった佐藤由規ですね。150キロ台を連発して、とにかく速かったですよね！

三　田　そうそう。彼は野球で投げるときだけ右利きで、それ以外のすべて、箸を使うのも左利きなんだそうです。そのおかげなのか、彼は非常に左手にはめたグラブの使い方がうまいんですよ。これは、横浜高校（神奈川）の小倉清一郎部長もよく指導していることで、投げる手とは逆の〝グラブを持っている手〟を上手に使うよう、すごく厳しく指導しているんです。実際、横浜高出身の松坂（大輔／現ニューヨーク・メッツ）投手とか涌井（秀章／現千葉ロッテ）投手とかも、やっぱりグラブの使い方は上手いですよね。だから、「両手投げ」までいかなくても、両方の手を上手に使えるようになるのが投手として必要な力だと思っているんです。

ラガー コミックスの巻末コラムにも書いてありましたけど、ダルビッシュは左投げでも130キロくらい出るらしいですね。バランス感覚がいいんですかね？

三　田 そうですそうです！　以前、『甲子園へ行こう！』を描いたときに、元ロッテの牛島和彦さんからアドバイスをいただいたことがあります。ピッチングの際に、体の中心軸がまっすぐであればあるほど、正確にコントロールされた球が投げられるそうなんです。反対に、体の軸がズレると、どうしても体の開きが速くなってコントロールも安定しない。だから、なるだけ頭が最後までまっすぐ立っている状態が理想なワケです。そのためには、グラブを持っている腕でうまくバランスをとることが重要になってくる。

ラガー なかなか難しいですね。

三　田 そうなんですよ。この話を台詞で説明しようとしても、なかなか頭に入ってこない。だから「左でも投げます」という設定にして、左投げだと本来の利き手である右手が上手に使える、ということを表現しようと思ったんです。あとは、この『砂の栄冠』という漫画はですね、主人公の七嶋裕之ひとりの力で投げ勝っていく作品です。物語である以上、点の取り合いや逆転劇を描きたいんですけど、本来の右であまりに打たれてしまうとキャラクターが傷つくんです。でも、左投げにしてしまえば、ボコボコに打たれたとしてもキャラクターが傷つかないで済む。だって、投げたことのない左なんですから。そんな風に、多少ハンディがある状況をキャラクターに用意しておくことって割と重要なんですよね。

《一塁側のベンチ裏で横浜高とPL学園が……》

ラガー　三田先生に怒られちゃうかもしれないですけど、僕は普段あまり漫画は読まないんですよ。でも、この『砂の栄冠』は観戦仲間から「自分たちと同じように甲子園のバックネット裏で観戦し続けている人間が漫画に出てくる。しかも結構重要な役で！」と話題になっていたので、やっぱり気になって読んじゃいましたよ。そうしたら、巻末にあるコラムでも自分の名前を出してもらったりして、嬉しかったですね。自分で言うのもなんですが、バックネット裏に通い詰める甲子園フリークを漫画の中に登場させようと思ったのはなぜですか？

三　田　僕が甲子園で試合を観るときは、編集部が用意してくれる席に座るんですね。その席の後ろに、いつも同じメンバーが座っていることにある時気づいたんですよ。どうやら夏の大会期間中、15日間毎日その席に座って、大会が終わると別れて、また翌年のセンバツ大会で再会する……というのをずーっと繰り返しているらしい、と。さらに聞き耳を立てて話を聞くと、その席を取るのに4、5人のグループを組んで、誰かひとりが朝一番に並んで、開門と同時に5人分の席を押さえちゃう。で、他の4人は試合開始と同時に悠々やって来る。「なるほど。そういうシステムになっているのか！」と。

ラガー　もうね、まさに自分と同じなんですよ。大会15日間の通しチケットを買って、毎日同じ席で観ています。だいたい、バックネット裏最前列が、自分たち「8号門クラブ」。そういうグループというか集まりがいくつもあって、バックネット裏の席を取り合っているんですよ。自分も一度、開門後にダッシュしたときに転んじゃって、「あぁ、今日はもういつものラガー席に座るのは無理だ……」と諦めていたら、観戦仲間が席を確保してくれたことがありましたから。昔は8号門から一直線で行けたんだけど、4〜5年前の改装でアップダウンができて、転びやすくなっちゃったんですよね。

三　田　昔に比べて、若干座席の間隔が広くなったのと、タイガースの企業向けボックスシートを作るために、その分、通路が狭くなったんですよね。以前はもっとゆるやかなスロープでしたもんね。

ラガー　三田先生が観戦するようになったのは、何年前からなんですか？

三　田　僕が毎年行くようになったのは「松坂世代」以降ですね。意外と最近なんですよね。

ラガー　1998年！　準々決勝の横浜高校対PL学園高校（大阪）戦はご覧になりました？

三　田　いや、その前の三回戦を観ました。横浜高対星稜高（石川）の試合があって、同じ日のその次の試合がPLの出番だったんですよ。で、一塁側のベンチ裏で横浜高とPL学園が

すれ違うところを目撃したんです。なんかこう、バチバッチとしているというか、「次、やろうぜ！」みたいな雰囲気のやり取りがあって、「もうこの段階から戦いは始まっているんだなぁ」と感じましたね。

ラガー　松坂世代の頃から観るようになったというのは、作品の取材の関係ですか？

三　田　そうですね。『クロカン』はもう当時描いていて、『甲子園へ行こう！』をヤングマガジンで連載するようになった頃だったので、そこから毎年、現地で観るようになりました。あそこの中央特別席っていうのは売り切れる場合が多いので、当日行ってみてチケットを購入して入るのは難しいんですよね。

ラガー　そうなんですよ。前はもっと楽に席を取れたんですけど、98年頃を境にして、年々並ぶ人が増えてるんです。

三　田　去年の夏なんかものすごい人でしたよね。今年はセンバツもかなりお客さんが入っていた。池田高校（徳島）の試合なんか満員でしたからね。ちょうど池田高の前の試合が駒大苫小牧高（北海道）の試合だったことも影響したのかもしれませんが。

ラガー　駒大苫小牧はブラスバンドが上手いから人気あるんですよね。あの独特のムードは観たくなりますよ。やっぱり、古豪の試合と関西勢の試合はお客さんでいっぱいになりますね。

《高校野球は〝上手くなっていく過程〟が面白い》

ラガー　そもそも三田先生が高校野球に興味を持つようになったキッカケは何だったんですか？

三　田　僕の3歳下の従兄弟が高校球児だったんですよ。僕が大学2年のときに彼が高3で、夏の県大会でベスト4まで行ったんですよ。そのときに応援に行ったのと、その従兄弟が大学卒業後にスポーツ新聞で甲子園取材をするようになって、彼からいろいろ話を聞いてるうちに、だんだん高校野球にのめり込んでいきました。高校生だからミスは多いし、ゲームプランも正直拙い。でも、みんなで頑張って何とか勝っていこうとする感じがなんとも微笑ましくって。

ラガー　それはありますよね。普通の公立校が団結して、監督とも上手くいって化学反応を起こして勝ち上がっていくという。

三　田　そうなんですよ。それに続けて観ているとだんだん上手くなっていく。甲子園なんか特にそうで、一試合ごとに成長していくのが目に見えてわかるんですよね。それがとても魅力的だと思ったんです。プロ野球は確かにスゴいんだけど、もうある程度完成してしまっている。一方の高校野球はまだ未成熟、未完成なんだけれども、その〝上手くなっていく過程〟が面白いなぁと。

ラガー　わかりますよ。自分もよく、「ミスばっかりの野球をずっと観てて何が面白いの？」って言われることがありますから。

三　田　そこはもう価値観の違いですよね。ミスはするし、プロに比べればパワーもスピードもないんですけど、それをカバーしてなんとかしようとするところも面白いじゃないかっていう。特に地方大会に行くとそういう試合が多いんですよ。投手も球速110キロくらいしか出てないんですけど、一生懸命ストライクを入れようとして。

ラガー　公立校なんてそうですよね。勝てないにしても人気が出る。やっぱり私立よりも公立のほうが自然と応援されますよね。

三　田　甲子園のお客さんってだいたい判官びいきなんですよ。地方の県立高校なんかが出てくると、だいたい5回あたりまではみんな県立高校を応援する。実際、中盤まではいい試合をして、「これはひょっとして……」みたいな感じになるんだけど、そこからだんだん実力差が出てくる。

ラガー　三田先生は、強豪校よりもそういう公立校のチームが好きなんですか？

三　田　いや、そういうわけでもないんですよ。やっぱり、スーパーチームも見たいんですよね。横浜高校対ＰＬ学園なんてあるとやっぱりファンは燃えるんですよ。今年はどっちが強いんだ？　みたいな。

ラガー　お客さんもたくさん入って盛り上がるし、応援合戦とかもスゴいですもんね。

三　田　ええ。高野連もホクホクですよ。まぁそんな試合がある一方で、ラガーさんもつい寝ちゃうような試合もあったりね（笑）。

ラガー　すみません。その話は勘弁してください！　でも、高野連の話が出ましたけど、『砂の栄冠』の中でも、「甲子園大会は新聞社と高野連が取り仕切る興行だ！」と言い切っていてビックリしましたよ。あんなこと描いて怒られないんですか？

三　田　だって、明らかに興行ですからね。甲子園に取材に行くと朝日新聞の記者の人たちとも話す機会があるんですけども、彼らもハッキリ言いますからね。「いやー今日は○○が勝っちゃいましたよー。ガッカリですよー」って。理由を聞くと「いやぁ、関西勢に勝ってもらわないと困るんですよ。明日の新聞の売り上げが全然違うんですよね」と。

ラガー　チームによって客の入りも全然違いますもんね。やっぱり、甲子園球場を借りるお金もあるだろうから、高野連もお客さんがたくさん入って欲しいのかな?

三　田　いやいや、使用料は発生してないですよ。無料なんです。甲子園球場は高校野球のために作った球場なので、第一優先権は高校野球なんですよ。

ラガー　へぇ！　神宮球場の六大学とヤクルトの関係性みたいですね。知りませんでした。勉強になります。

《高校野球は監督のもの》

ラガー　『砂の栄冠』って、主人公たちのチームの無能なガーソ監督をはじめ、監督が個性豊かで面白いですよね。ベンチでの選手とのやり取りも細かいというか具体的というか。

三　田　そうですね。他の野球漫画に比べると、ベンチの中の様子はたくさん描いているかもしれないですね。そこはちょっと意識している部分です。僕は、球場に取材にいくときは必ずベンチ内の写真を撮らせてもらうんです。甲子園球場にも試合のない日にお邪魔して、無人の甲子園をぜんぶ撮らせてもらいました。やっぱり、ベンチから見た球場の目線ってあるんですよ。ベンチの中からグラウンドがどう見えるのか。そこが結構重要なところだと思うんです。監督や選手の目線にはいったい何が映っているのか。そこはちゃんと描きたいなと思っています。

ラガー　高校にも取材に行かれたりはするんですか？

三　田　しますすね。まあ、そんなに数は多くないですけど、ご縁ができたところはおうかがいして
グラウンドの写真を撮らせてもらったり、監督さんにお話を聞いたり。

ラガー　やっぱりそういう取材は欠かせないんですねぇ。監督に注目するようになったのはなぜですか？

三　田　高校野球の試合を眺めると、グラウンド上にいる「大人」って審判団の4人と、両チームの監督と部長の計8人しかいないわけです。そして審判を別とすると、ゲームに関わることができる大人って各チーム2人しかいない。だからこそ、ゲームの中で大人の存在がどういう役割を果たすのかっていうことに興味があるし、見ていて面白いんですよね。

ラガー　2巻で、「高校野球は監督のものだ」っていう台詞があるじゃないですか。

三　田　そうですね。結局、毎年生徒の入れ替わりがあってチームは変わるじゃないですか。たとえば、智弁和歌山が20回甲子園に出ているからといって、同じチームが出ているわけじゃなくて、20チーム、バラ

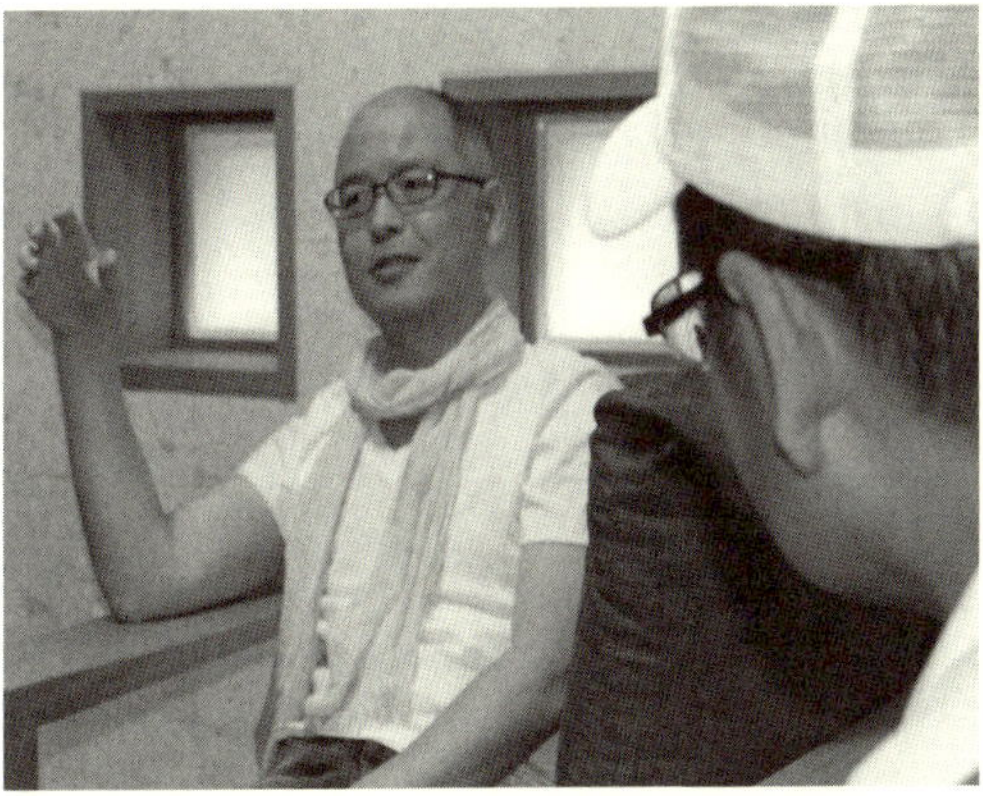

バラなわけです。でも、20年間ずーっと高嶋仁監督がそれを見ている。要するに、もう監督がそのチームの顔なんです。ここ最近、監督の勝利数が朝日新聞にも出るようになりましたからね。だんだんだんだん、みんな興味が監督に移っちゃうんですよ。

ラガー 好きなタイプの監督っていらっしゃるんですか？

三田 やっぱりこう、野球に対して誠実な人、誠実であろうとし続けてる人ですね。たとえば、日大三高（東京）の小倉全由監督とか、花巻東高（岩手）の佐々木洋監督とか。いまだに自分の純粋さを守ろうと努力されてますよね。

ラガー でも、花巻東高は最近よく叩かれてますよね。カット打法は駄目だとか。なんか高野連から目をつけられちゃった感じでかわいそうだなぁ。あれは体が小さい選手の見本であって技術だと思うんだけど。高野連もね、言いすぎだと思うんですよ。

三田 確かに、観ているお客さんはファールを十何球打ったからといってそんなに気にしないですよね。やっぱり、何か気にいらない人がいるんでしょう。うーーーん、まあ、菊池雄星（現・西武）投手のときの「メジャーに行く・行かない」というのがやっぱり、いまだに尾を引いてるんじゃないでしょうか。

ラガー ああいうのを規制しちゃうと高校野球が面白くなくなっちゃう。個性がなくなっちゃいますよね。千葉翔太（花巻東↓日本大）選手みたいに体が小さくても頑張る選手がいる一方で、大谷翔平（現・日本ハム）投手みたいな体格的にも恵まれた選手もいる。いろんな選手やチームがいるから甲子園は面白いんですよね。

《「甲子園大会」というのは非常によくできたシステム》

ラガー　いま連載中なのに聞いていいのかわからないんですけども、今後描いてみたい野球に関してのテーマとかエピソードっていうのは、何か秘めているものはあるんですか？

三　田　まあ野球というテーマに限っていえばですけど、『クロカン』で監督の物語を描いて、『砂の栄冠』でエースで四番の子を描いたってこともあるので、あと主人公になりそうなキャラクターがあるのかといえば……なかなか難しい気もするんです。何か機会があれば……うーん、なんだろうなぁ。長いものじゃないかもしれないですけど、裏方的な人のエピソードは描くかもしれないですね。

ラガー　『スカウト誠四郎』っていう、スカウトが主人公の漫画もあるんですよね？

三　田　あれもねー、半分趣味で描いたようなところがあるんですけど（笑）。

ラガー　でも、以前、アンジャッシュの渡部建さんが『スカウト誠四郎』が野球漫画で一番好きって言ってましたよ。

三　田　そうなんですよね。「あれ、続きないんですか？」ってすごく言われてます（笑）。

ラガー　三田先生が今後の高校野球とか、甲子園大会に望むこと、改善して欲しいことってありますか？

三　田　そうですねぇ……僕は余計な改善はしないほうがいいと思うんですよね。もうあと何年かで夏の甲子園大会は１００回を数えるわけです。世界的に見ても１００年もの間、同じことを続けるなんてそうそうないんですよ。もう既にひとつの文化として定着して、ある意味で国の財産になっている。だからこそ、思いっきりシステム変えるとか、大会自体のあり方を改革するとかってもう無理だし、しなくてもいいなぁって思うんです。もちろん、細かい部分では色んな改善点はありますよ。でも、概ね「甲子園大会」というのは非常によくできたシステムだと思うので。それは、大会運営的なことだけじゃなく、大会を見守る高校野球ファンの存在も含めてです。ある意味、ラガーさんたちも甲子園大会を支えているわけですよ。

ラガー いやいやいや、そんな立派なものじゃないですよ。

三　田 高校球児がなぜ甲子園を目指すかというと、甲子園が常に満員になるからですよ。あんなにお客さんがいる中で野球ができるというのは、本当に限られた子しか体験できない至上の喜びです。それが経験できるっていうのは高校生にとってはものすごい財産ですよ。そして、その様子をラガーさんみたいに遠方からわざわざ駆けつけた人たちが4試合ずっと見続けて……。

ラガー あそこで寝泊まりして（笑）。

三　田 選手だけじゃ決して成り立たない、みんなで作っている文化なわけです。全世界を見渡しても、子供の野球にあんな夢中になっている大人が5万人も集まる国なんてないですから。それは、守り続けなきゃいけない部分だと思うんですよね。いい例がテニスのウィンブルドンですよ。ウィンブルドンって、ずっーっと変わらないわけです。もうシステムが完全にできあがっていて、伝統を継承することにウェイトを置いているわけだから。日本の高

ラガー　校野球もそのレベルの格式になっている、最高レベルの大会だと思うんですよ。特に不満もないですか？　開会式とか閉会式とかはいかがですか？

三　田　大きな点で不満はないですね。開会式の挨拶も、入場行進も、今のままで毎年やればいいんですよ。要するにあれはもう、相撲の土俵入りと一緒で、あれがもう様式美なんですよね。最後に49代表が一斉に並んで、全体がこっちに向かって行進してくるっていう、あれを今後も延々と続けることができるかというのが、僕は逆に重要なことじゃないかなぁと感じています。

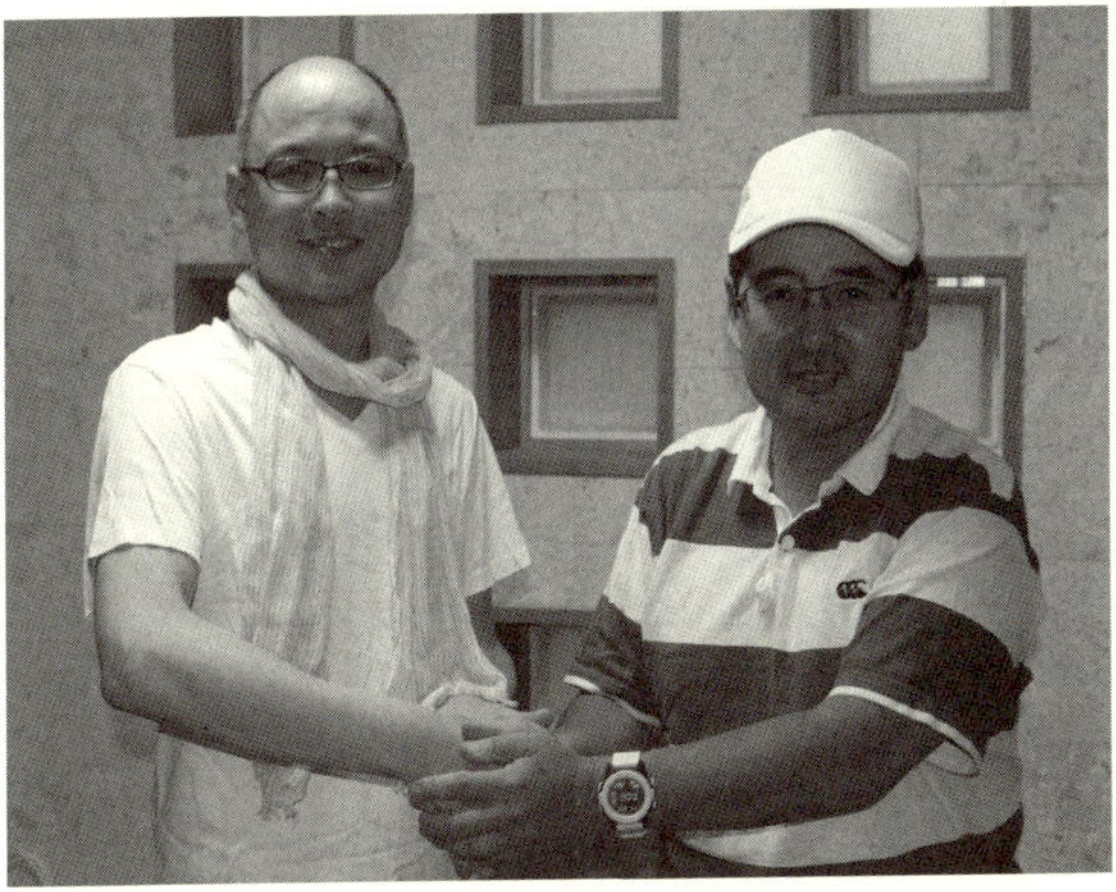

甲子園の土を最初に持って返った人物は誰だ？

"甲子園あるある"というべきか、試合に敗れた球児たちは必ずと言って良いほど、甲子園の土を持って帰る。これはいったい誰が始めたのか。実は2つの説がある。

ひとつは巨人V9時代の監督でもある、あの川上哲治だという説。1937（昭和12）年、第23回大会の中京商対熊本工の決勝戦は、3対1で中京商が勝利。試合に敗れた熊本工の川上は「私は記念に甲子園の土を袋に入れて持ち帰り、熊本工のマウンドに撒いた」と当時を振り返っている。

もうひとつは、夏の甲子園三連覇をかけて登板した小倉北のエース・福島一雄だという説。1949（昭和24）年、第31回大会の準々決勝戦に登板した福島は、連投の影響で「鉛筆も持てないくらい」ヒジを痛めていた。迎えた9回裏、右ヒジは限界に達してついに投手交代。結局、後続の投手が打たれて小倉北はサヨナラ負けを喫した。三連覇を逃してベンチへ引き揚げる小倉北ナインのなかで、福島だけはひとりでマウンドに歩み寄り、スコアボードを見つめたまま立ちすくんだという。そして無意識にプレート付近の土を一握りしてポケットに入れ、涙ぐみながら退場した。その福島のもとに、大会が終わってから大会委員長から手紙が届く。「よくやった。これからも頑張ってください」というねぎらいの手紙で、土を拾ったことも書いてあった。福島は手紙を読んだ後、慌ててユニフォーム

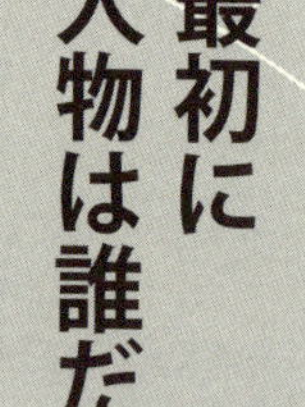

のポケットを確認すると、土が入っていたという。最初に土を持って帰ったのは川上か福島か、いずれにせよ球児たちの悔しさから生まれた行為であることは間違いない。

1958（昭和33）年の第40回大会には、大会史上初めて沖縄代表のチームが甲子園にやってきた。同じ日本人でありながら、祖国から切り離されていた沖縄代表の首里高校だ。試合に敗れた首里高ナインは、持参した袋に一握りの土を入れ、沖縄に持ち帰ろうとした。憧れの甲子園の土は、選手たちにとっては祖国の土でもあったのだ。しかし大切に持ち帰ったその土は、植物検疫法に触れたため沖縄への持ち込みを禁じられ、海へと捨てられてしまったという。このように甲子園の土には、さまざまなドラマが隠されているのだ。

その甲子園の土は、建設当時からこだわりを持って用意されたという。開場当初は火山灰の黒土と白土（海砂）をブレンドした土を使用。現在は桜島（鹿児島）、阿蘇山（熊本・大分県）、大山（鳥取県）などの黒土と、中国福建省の白土をブレンドした土を使っている。土の種類は毎年決まっているわけではなく、雨量と日差しによって微妙に配合を変えているそうだ。ちなみに球場への土の補充は2年に一度、暮れから正月にかけてのオフシーズンに実施される。一度に全面の土を替えるのではなく、少しずつ新しい土を加えていく。黒土と砂の配合割合は、春は雨が多いため砂を多めに、夏は白いボールを見やすくするために黒土を多くブレンドするなど、今も昔も変わらないこだわりを持って用意されている。

ラガーさん推薦

甲子園あるある名鑑

選手編④　2000年代

ダルビッシュ有／東北（宮城）

2003年春夏、2004年春夏出場

未完成ながら大器の片鱗ぶりを見せつけた男

2003年夏には東北勢の悲願まであと一歩に迫る準優勝。翌春には大会史上12人目となるノーヒットノーランを達成。近い将来、日本球界を背負う投手は彼だと皆が理解していた。

辻内崇伸／大阪桐蔭（大阪）

2005年夏出場

最速152キロの豪速球でど肝を抜いた大型左腕

2005年に準決勝までの5試合で選手権大会歴代2位の65奪三振（当時）をマーク。一度きりの出場ながら、辻内崇伸の豪速球は今も鮮烈な残像を甲子園に焼き付けている。

斎藤佑樹／早稲田実業（西東京）

2006年春夏出場

決勝再試合を含む948球で夏を制した甲子園新時代のエース

クレバーな投球術と抜群の勝負度胸で夏3連覇を狙う駒大苫小牧（南北海道）を決勝で退け、2006年の夏を制したヒーロー。駒苫・田中将大との投げ合いは歴史的名勝負だ。

イニング6

あるある甲子園
大会終盤編

応援団や観客席のファンも、甲子園大会のキャストの一員。もうすぐ終わってしまうという切なさも含めた大会終盤の「あるある」をまとめました。

165 照明に灯がともった瞬間に「きた！」と思わずガッツポーズ

高校野球ファンは全員ナイトゲーム好き。プロ野球では当たり前のことだが、高校野球では照明に灯がともった瞬間こそ、当たり前でないドラマが始まる合図だからだ。箕島と星稜による延長18回の死闘といった伝説のナイトゲームが頭をよぎり、ヤバい風景を目撃すべく心がざわざわと揺れ始める。しかも朝から観始めて、夜になってもまだ観ていられるというお得感がまた最高。だから第3試合まではできるだけ延長戦になって欲しいのだ。

166

第4試合開始時に流れるゆるい夕方の空気が好き

第4試合が行われる時間ともなると、高校球児の青春が交錯した熱気をクールダウンさせるように夕暮れが甲子園に訪れ、涼しい浜風がグラウンドを吹き抜ける。観客席はといえば、次の試合目当ての客がいないためか、家路を急ぐためか、アルプススタンドを除くと多くが空席に。突如、ゆる～い空気が漂い始める。そんな中、甲子園慣れしていない公立校がコツコツと地味な野球をやっていたりしたらシミる！

167
勝ち進むにつれて、その高校の有名人OBが増える

夏の甲子園大会の出場校が決まると、新聞や雑誌などに出場校一覧が掲載され、主なOBとして各界の著名人も紹介される。その学校が勝ち進むと、そのOB・OGたちがさらに増えてくるから不思議だ。

168
勝ち進むにつれて、その高校のOBからのツイートが増える

近年、急激に増えているTwitter人口。「やったー!母校が勝ったよ!」と有名人や著名人がつぶやく姿を目にすることが増えた。甲子園大会はもちろん、各地方大会期間中もベスト8あたりから多くなってくる。

169

応援しようと思っていた高校側に座ろうと思っていても、観客が多くて座れない

大人気の甲子園大会。やや遅れて球場に乗り込むと、既に応援する高校の応援席は満席状態…。仕方なく、反対側のスタンドで、対戦相手の応援団と一緒に応援せざるを得ないことがある。

170

諦めて対戦相手の高校側に座ると、いつの間にかその高校を応援している

だがしかし！対戦相手のスタンドで観戦していると、試合が進むにつれて周囲の熱気に巻き込まれ、いつの間にかその高校を応援している自分がいる。つくづく、高校野球とは不思議なスポーツである。

171 甲子園には『怪物』や『魔物』が毎年いるらしい……魔界？

「怪物くん」江川卓。「ゴジラ」松井秀喜、「平成の怪物」松坂大輔……怪物の二つ名を持つ選手は球史を代表する選手たちばかりだ。「甲子園には魔物が潜んでいる」「あの選手は怪物だ！」なんてフレーズが飛び出す大会は、まず間違いなく好ゲーム・好選手が多く、劇的な試合展開が多い証でもある。かくいうラガーさんも、「甲子園の珍獣」なんて呼ばれ方をすることも。じゅうぶん魔界にふさわしい生き物といえる。

172 暴投など、サヨナラエラーで試合が終わった時は、球場全体にせつない空気が流れる

ミスで決着したサヨナラゲームの場合、突然終わってしまったからなのか、観客も気持ちが落ち着かないことがよくある。そんなとき、ミスをした選手に「お前は悪くない」と声をかけることで自分の心の整理もしている。

173 明らかにブラスバンドのうまい高校とへたな高校がある

古豪のなかでブラスバンドが有名なチームといえば習志野高校（千葉）。チャンステーマ「レッツゴー習志野」は、高校野球ファンにとっては実に馴染みの深い曲だ。最近では駒大苫小牧高（北海道）のブランスバンドが実に秀逸。チャンスと見るや切れ目のない演奏で攻撃陣を盛り上げ、逆に相手投手が交代するときなどは意識的に曲のテンポやボリュームを落とすなど、相手チームへの気遣いも一級品で、ブラスバンドのファンも多い。

174　バックネット裏で観るか、チアガールの後ろで観るかちょっと迷う

バックネット裏で観るつもりだったけど、ちょっと野暮用が……やっぱりチアガールの後ろに陣取るとするか！　彼女達の青いエナジーを浴びながら、球児の熱闘を観戦するのもおつなもの。コレ、青春のキラメキ二乗の観戦法。（笑）

175

甲子園からの帰りの電車で阪神電車の駅名をズラリと暗記している小学生を見かける

魚崎、青木、深江、芦屋、打出、香櫨園……関東から甲子園にやってくると、馴染みの薄い駅名に戸惑うこともしばしば。「香櫨園（こうろえん）なんて絶対読めないよ！」なんて思っているなか、阪神電車の車内でスラスラと駅名を復唱する小学生を発見すると、感動すら覚える。阪神の帽子を被っていると、さらにポイントが高い（笑）。

176

センバツ大会期間中に大阪場所があるので、チョンマゲの相撲の関取がいる時がある

相撲と高校野球。どちらも日本の文化であり、ＮＨＫと縁が深いという共通点も持つ。自分の前の席にお相撲さんが来たら前が見づらくなるかもなぁと一瞬考えるが、バックネット裏最前列にいるのでその心配はない。

177

アルプススタンドの応援団の校旗を浜風が襲う。

何人もかけて旗を持っている姿をみると、大変だなぁ、おつかれさまですとしみじみ思う。それゆえ、団旗が大きければ大きいほど見ている側も燃えてしまう。

178 大阪代表の試合のときは、平日でも結構お客さんが入る

関西の皆さんの地元愛の強さはすさまじい。大阪府代表や兵庫県代表の試合は平日だろうが猛暑だろうががしっかりお客さんでスタンドが埋め尽くされる。大阪対奈良、兵庫対京都といったカードは満員必至だ。関西勢の甲子園勝率が高いのは、単純に「強い」という理由やホームの感覚で戦えるという理由もさることながら、いつも満員の観客のもとでプレーできるから、というのも大きな要因な気がする。

179

甲子園球場が超満員になり、満員札止めになると、なんとなくスゴイ試合やスゴイ選手に見えてくる

スゴイ選手が観客を呼ぶのか。満員の観客の力が普段以上のプレーを生むのか。後に「伝説」と呼ばれるような試合はほぼ例外なく、満員の観客のもとで行われている。歴史の証人になれる確率は意外と高いかもしれない。

180

春の甲子園と夏の甲子園では、春の甲子園のほうが高校の野球部の観戦チームが多い

夏の大会の予行演習をかねて甲子園を訪れるチーム、初戦で敗退したあとに後学のため1日残って観戦するチームなど、センバツ大会は高校野球部とおぼしき集団をスタンドのあちこちで見かけることができる。

181 毎年、観客を味方につけて快進撃で勝ち進むチームが現れる

甲子園大会を見にくる観客は……逆転劇が好き。初出場校が好き。公立校が好き。一生懸命なチームが好き。ミラクルが好き。これらの要素が噛み合ったとき、球場全体の雰囲気が一方のチームを後押しすることがよく起こる。「甲子園の魔物とは観客のことである」と言った人もいるほど、観客の声や雰囲気は勝敗を左右しかねない影響力を持っている。甲子園を勝ち上がるためには、ファンに愛されるチーム作りが求められるのだ。

182

敗退直後はみんなを笑顔で励ますものの、応援席への挨拶を終えて大泣きするキャプテンにもらい泣き

気丈に振る舞っていても、心身ともに誰よりも疲弊しているのがキャプテン。「ありがとうございました」のひと言でダムは決壊してしまう。でも、思う存分泣けばいい。大人になったら泣きたくても泣けないのだから。

183

ピッチャーが打ち込まれても、降板する時は温かい拍手と「よく頑張ったよ！」の声が甲子園全体に起こる

甲子園の観客は、敗れた者、にことのほか優しい。降板した投手だけでなく、敗れたチームにも惜しみない拍手を送る。甲子園に降り注ぐ拍手の雨は、球児たちをもっと強く成長させる養分になっているはずだ。

184

今となっても生き続ける「優勝旗が白河の関を超えるか」という格言

2004年に駒大苫小牧が初優勝した時、優勝旗は飛行機で北海道に渡ったに違いない。つまり白河の関を踏破したわけではないのだ、という屁理屈がまかり通るかのごとく生き続ける「優勝旗が白河の関を越えるか」というロマン。これまで大越基の仙台育英、ダルビッシュ有の東北、3季連続準優勝の光星学院が東北勢悲願の初優勝目前で涙を飲んできた。ぜひ悲願成就の暁には、文字通り優勝旗を掲げて白河の関を踏破してもらいたい。

185

夏の甲子園が終わる度に、小学生頃に感じた「終わろうとしている夏休み」の空気を思い出す

遊びまくった夏休みもあと10日。見上げる夕暮れも、アスファルトのセミの死骸もどことなくセンチメンタル。ああ。少年の夏の終わりは物悲しい。高校野球ファンにとっても夏の甲子園の終わりは物悲しいもの。思わず終わろうとしている夏休みのフィーリングがよみがえってきて、鼻の奥がツーンとしてくる。ちなみにこの時期、「自分はあと何回甲子園を観ることができるんだろう」と、人生の晩夏をも感じずにはいられない。

186

優勝を三振で決める様式美

三振、ゴロ、フライ。どれでも同じアウトひとつ。でも、優勝の瞬間はできれば三振がいい。ウィニングボールをミットにおさめた捕手がマウンドに駆け寄って投手と抱き合うシーンは、甲子園でこそ見たい様式美だ。

〈応援、観戦席あるある〉

188 アルプススタンドがさながら同窓会会場になる

188 超満員（満員札止め）の時、バックスクリーンの入っていけないところに入る人がいて、試合が中断になるときがある

189 スタンドが超満員の時、新聞社のヘリコプターが甲子園上空から写真撮影を行う

190 甲子園大会中、球場周辺では全国の車のナンバーを見ることができる

191 初出場校の人文字はなんだかぎこちない

192 応援団のバスが高速道路の渋滞にはまりアルプススタンドに入るのが遅れる学校がある

193 沖縄の代表校が全国制覇（沖縄尚学高校・興南高校）すると甲子園球場でウェーブがおこる

194 甲子園の高校野球ファンは、私立の野球学校より田舎の公立高校を応援する傾向がある

195 アルプススタンドを見て、その高校にやる気があるかないかを感じるときがある

196 広島代表はしゃもじ、沖縄代表は指笛、徳島代表は阿波おどりの応援がど定番

197 文武両道の伝統校が久しぶりの出場するとアルプススタンドに現れるバンカラコスプレ

198 叩き過ぎて皮が敗れそうな大太鼓がアルプスの風物詩

199 予想に反して快進撃を続ける弱小県チームの応援席に座り「地元感」を満喫する

200 ツッパリ高校との噂を聞くと、応援席は思い切りヤンチャでいて欲しいと期待する

201 沖縄勢の指笛と「ハイサイおじさん」を聴くと安心する

202 慶應高校のチアガールをみると「みんな楽しい高校生活を過ごしんだろうな」と羨んでしまう

203 文武両道の伝統校が出場するとコメントを求められがちなおじいさんOB

204 センチメンタル・バスの「ＳｕｎｎｙＤａｙＳｕｎｄａｙ」をブラスバンドが演奏すると「何故、この歌は定番になったのか？」と考えてしまう

205 漁師町からやってきた高校の応援幕には大漁旗を立ててほしい（笑）

206
銀傘の下で日差しを避けるか、それ以外の席で日差しを思い切り浴びるか迷ってしまう

207
吹奏楽の応援演奏で絶対知ってる歌なのに思い出せない曲がある

208
アルプススタンドでおしゃべりしてたらオーロラビジョンに自分たちの姿が映されて大慌てするおばちゃん軍団

209
カラオケ代わりに大声を出すためにやって来た地元の高校生たち

210
アルプススタンドでもらえる応援グッズが目当ての客もいる

〈意外と知らない甲子園〉

211 昔、甲子園球場の名前が「阪神電車甲子園大運動場」という名前だったことはあまり知られていない

212 甲子園球場のグランドは平らではなく、意外と盛り上がっている

213 甲子園練習（30分の練習時間）は何に使ってもよい

214 甲子園球場のライトスタンドの横に神社がある

215 夏の甲子園大会は、観戦する人も試合をする高校球児も、第2試合が一番暑い

216 甲子園大会期間中、球場近辺の駐車場の料金がやたらと高くなる！

217 甲子園大会の試合球には「第○○回全国高校選手権大会」と印刷されている

218 お金をだせば、甲子園球場の外野スタンドの外のレンガに自分の名前を入れることが出来る

219 甲子園球場周辺は住宅地なので、朝晩けっこう通勤の人が歩いている

220 甲子園球場周辺には意外と宿泊するところが少ない

221 甲子園球場周辺を、夜もずっと全日警の警備員が巡回している

222 統計的に、センバツでは1回に、夏の選手権では7回に点が入りやすい

〈宴のあと〉

223
甲子園大会期間中、1日の試合が終わると意外と早く球場の外に出される

224
毎年、閉会式が終わり、8号門に出されて30分もたつと売店も高校野球グッズから阪神タイガースグッズに変わる。なんとなく夢から現実に帰ってきた気分になる

225
甲子園大会の決勝戦で優勝した瞬間に売店で優勝記念ボールと準優勝記念ボールを売るが、いつもあっという間に売り切れてしまう

226
号泣する3年生の脇で、目を腕で覆いながら「俺たちの時代が来た」とほくそ笑む2年生

227
敗戦直後はみんなを笑顔で気丈に励ますものの、応援席への挨拶を終えて大泣きするキャプテンにもらい泣き

228
敗戦エラーをして泣き崩れる野手が抱きかかえられてグラウンドを後にする姿にもらい泣き

229
センバツでは負けても泣かない選手がほとんど。夏の甲子園では、負けると泣いている選手がほとんど。

230
閉会式のファンファーレを聞くと気分が最高潮になる。閉会式のファンファーレを聞くと秋を感じ始める。

231
夏の甲子園大会が終わると8月の終わりにTUBEのコンサートが甲子園球場で毎年行われている

232
閉会式では「蛍の光」が流れる

ラガーさんと学ぶ

甲子園あるあるトリビア

甲子園と戦争と8月15日

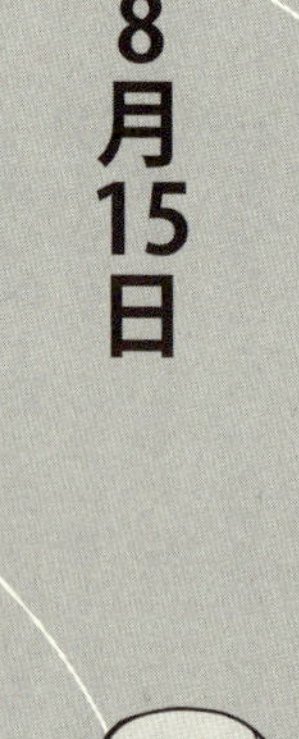

夏の甲子園大会では毎年、8月15日の正午になると試合を中断して、戦没者への黙祷を捧げる。甲子園大会と戦争の関係は思った以上に深い。第二次世界大戦の直前には大会が中止になり、戦後の野球どころではない状況下でも、関係者の熱意で大会の開催にこぎつけるなど、あまり知られていない話がたくさんある。

第27回大会が行われるはずだった1941（昭和16）年は、日中戦争の時局が深刻になり、国民生活にも様々な規制が与えられるようになった。7月中旬には文部省から「学生生徒のスポーツの全国大会を禁止する」という通達が出た。各地で甲子園への予選大会が行われていた最中で、その時に大会中止の発表があったのだから、選手たちの落胆ぶりは想像に難くない。

その後、日中戦争は第二次世界大戦と名前を変え、ますます戦況が激しくなる。1942（昭和17）年、学生野球界に大変動が起きた。春のセンバツも夏の甲子園も文部省の指令で中止となり、代わりに「青年学校体育大会」と名称を変えて開催されたのだ。ユニフォームからローマ字が消え、校名が漢字表記に強制されるなど次第に戦時色が強くなり、主催も朝日新聞社から文部省と学徒体育振興会に替わった。優勝した徳島商業には優勝旗も渡されず、文部省からの表彰状が1枚渡されただけだったという。その後は戦況の悪化とともに野球は「敵性スポーツ」とみなされ、選手たちは自然と野球から離れていく。この文部省主催の全国大会を最後に、日本の野球大会は全て中止となり、日本は1945（昭和20）年8月15日の終戦を迎えた。

野球どころではなかった暗黒時代を超え、戦後初の甲子園大会が開催されたのは1946（昭和21）年の8月15日。敗戦からちょうど一年後だった。実はこの第28回大会、甲子園球場が米国の占領軍に接収されて使用できなかったので、西宮球場で行われた。バットもない、ボールもない、さらには食料もないという異常な状況。ユニフォームは選手が自作し、バットはチームに2、3本あれば良いほう。スパイクは普通の靴にサッカー用の靴底を縫い付けて使用したという。西宮球場付近に選手村が作られ、各チームは米などの食料を持参して大会入り。勝ったチームは滞在期間が長くなり、食料が底をつくことを心配するなど今では考えられない状況だった。

学制改革によって、中等学校が高等学校に改称。これを受けて1947（昭和22）年の第29回大会で「全国中等学校優勝大会」は終了し、翌年から現在の名称である「全国高等学校野球選手権大会」と改められ、第30回大会が行われた。食糧難や道具不足などは続き、選手たちは甲子園球場のスタンドの下の狭い部屋に寝泊まりする耐乏生活のなかで連日、試合を行った。負けたチームは残った食料を、勝ったチームに与えるなど、助け合いながら大会は行われていったという。戦前から戦後にかけての激動の時代、多くの人々が犠牲になり、そして助け合いがあったからこそ、現在の甲子園大会が続いているのだ。

ラガーさん推薦

甲子園あるある名鑑

選手編⑤　2010年代

松井裕樹／桐光学園（神奈川）

2012年夏出場

彗星のごとく現れた甲子園のドクターK

消える魔球・スライダーを身体いっぱいに投げ込み驚異的なペースで三振を奪った甲子園の新ドクターK。2年生の夏に名門・今治西を22奪三振で完封。衝撃を与えた。

藤浪晋太郎／大阪桐蔭（大阪）

2012年春夏出場

プロ選手を次々に輩出する現在最強チームに現れた春夏連破投手

197センチの長身から投げ下ろす最速153キロのストレートに、カットボールやチェンジアップを織りまぜる剛柔あわせもったピッチングで史上7校目の初夏連破を遂げた。

大谷翔平／花巻東（岩手）

2011年夏、2012年春出場

二刀流に挑むニュータイプがみせた荒削りな輝き

左足のケガに苦しみながら掴んだ2度の甲子園はともに初戦敗だったが、投手としては150キロを計測。打者としても大阪桐蔭・藤浪晋太郎から豪快なホームランを放った。

イニング7

MLBスカウト・
大屋博行氏インタビュー

MLBアトランタ・ブレーブスの日本担当スカウト、大屋博行さんに、スカウトから見た高校野球や甲子園大会の意義、課題について話を聞きました！

これからは、日本の高校野球部も「ベースボール部」にならないと。

毎年、甲子園大会に釘付けになる高校野球ファン。しかし、熱視線を送るのは彼らだけではない。プロ野球やメジャーリーグのスカウトマンたちは仕事として甲子園球場に通いつめ、必死になって将来の原石を探している。そんなスカウトマンたちは、日々どんなことを考えて高校野球をチェックしているのか？　ラガーさんとも親交が深く、親しみを込めて「善ちゃん」と呼ぶＭＬＢアトランタ・ブレーブスの大屋博行スカウトに話を聞いた。

《善ちゃんはいろいろ教えてくれる人》

大屋　善ちゃん、お久しぶりです！　お元気でした？

ラガー　お久しぶりです。今日は、大リーグのスカウトである大屋さんから、甲子園の魅力について語ってもらおうと思いまして。大屋さんはスカウトとしてもうどのくらい活動されてるんですか？

大屋　ダイヤモンドバックスでスカウト生活を始め、その後にアトランタ・ブレーブスのスカウトになって今年で15年目になります。そうそう、そのブレーブスのスカウトマンの映画があるのを知ってます？　クリント・イーストウッドが主演した『人生の特等席』っていう映画です。

ラガー　観てなかったです。不勉強ですすみません。

大屋　いやいやいや。そのイーストウッドが演じた立場の人って実在するんですよ。ポール・スナイダーという名スカウトです。トム・グラビンとか、チッパー・ジョーンズとか、楽天にいるアンドリュー・ジョーンズとか、

大屋博行
(おおや・ひろゆき)
1965年大阪府生まれ。高校からアメリカ留学し、アリゾナ州コロナド・ハイスクール卒業。その後、歯科技工士、ゴルフショップ経営を経て、1998年からアリゾナ・ダイヤモンドバックスのスカウトに就任。2000年からはアトランタ・ブレーブス日本駐在スカウトとして、主に高校、大学生の発掘を担当している。

一流選手をたくさん手がけた人で、今でも顧問というかアドバイザーというかたちでブレーブスに残っています。僕は彼に一度、「いいスカウトになるにはどうしたらいいのか？」と聞いたことがあるんですよ。そしたら「誰よりも先に球場に行きなさい。球場に行けば、野球好きな人がいろんなことを教えてくださるから」と言うんです。その「いろいろ教えてくれる野球好きな人」っていうのが、僕にとっては善ちゃんなんですよ。

ラガー いやあ、僕もいろんなスカウトの人知ってるけどね、こんなこと言ってくれる人は大屋さんだけですよ。

大　屋 善ちゃんと違って、僕らは仕事でしょ？　僕らは給料をもらって仕事としてやってるわけだし、経費もかかってるわけだから結果を出さなくちゃいけない。自分のチームで将来活躍する人間を探し出して、報告書にしなくちゃいけない。でも、善ちゃんはそんな次元とは全く違う視点で野球を見ているわけですよ。

ラガー そりゃそうだよね。大屋さんとは違うよね。

大　屋 いい悪いは別にして、善ちゃんは自分とは全然違う主観で見ているから、新鮮なオピニオンが生まれるわけです。突然電話をくださって、「大屋さん的にはどうかわからないけど、この選手が良かったよ」と教えてもらうこともありますから。僕は最近、ポール・スナイダーが言っていたのはこういうことなんやろうな、と考えることがよくあります。

《甲子園はメンタルが問われる場所》

ラガー　スカウトから見た「甲子園大会の意義」というと何かありますか？

大　屋　やっぱり、「甲子園にいればプレッシャーのかかったところで投げたり打ったりする姿を見ることができる」ということですよね。そして「運のある子が集まっている」ということ。運のある子、何か持っている子じゃないと甲子園なんて出れないですからね。

ラガー　なるほど。実力じゃなくて運か。意外でしたね。

大　屋　まあ、甲子園いうのはそういう場所でしょうね。勝負の部分が教育上よくないみたいなことも言われたりしますけど、運を持っているかどうかは、勝負だからこそよくわかる。緊張した中でどれだけプレーできるのか。一枚上の投手、打者相手にどれだけ対応できるのか……という部分を見ることができるのも大きいですよね。特に夏！　あのしんどい状況下でもいいプレーができるかどうか、という部分で、メンタルが問われてくるんだと思います。

ラガー　じゃあ、そのメンタル面を特にチェックしてるんですね。他に意識して見ている部分はありますか？

大　屋　あとは、伸びしろのある選手を見つけ出す、ということですよね。よく「完成度が高い」と評価をされる選手がいますが、僕らは完成された選手よりも、まだまだ未完成で伸びしろのある選手が欲しいんですよ。ただ、この話をすると、横浜高（神奈川）で全国制覇した松坂大輔はどうやねん、という話になる。松坂も「完成度が高い」って言われてましたからね。ただ松坂の場合、まだまだ線が細かった。身体の大きくなる伸びしろはいっぱいあったわけです。これはダルビッシュもそうですよね。プロに入ってからどれだけ体が大きくなったか。ダルビッシュに関しては、いまだに未知数なところもあります。これはもう判断が難しいですね（笑）。

ラガー 花巻東高（岩手）から日本ハムに進んだ大谷翔平選手が日本かメジャーかで迷ったように、最近では高校から即メジャー行きを考える選手も増えてますよね。

大　屋 西武の菊池雄星選手も、花巻東高時代に迷っていた時期があったんです。そのとき、ある方を通じてメールでやり取りをしたことがあるんです。そこで僕は、「君は1位指名でプロ野球に入れるんだよ。でも、アメリカに行けば、菊池雄星って誰？　となる。将来的にアメリカでやりたいのであれば、まずは日本でしっかりと土台を築き上げて本当のプロになってから行くべきだよ」と伝えました。

ラガー そんなことがあったんですか⁉

大　屋 そうしたら「そうします」と返ってきて、翌々日ぐらいに「日本でドラフト指名を受けます」と決断したわけです。彼とはその後、オーストラリアのウインターリーグでたまたま出会ったんですよ。「やっと会えたな。覚えてるか？」と言ったら「覚えてます」と。「こっちで投げられへんもんは向こうでも投げられへんよ」と改めて伝えました。

《タフな人間でないとプロでは通用しない》

ラガー これまで見てきた甲子園大会で、高校の段階で「とにかくスゴかった」という投手と打者って誰になりますか？

大　屋　高校の段階で？　そうやなあ……打者であれば西武のおかわり君（中村剛也／大阪桐蔭高）かな。彼は何を投げてても芯に当てて叩き返すんですよ。投手では……僕が好きだったのは二人います。ひとりは、宮崎日大高（宮崎）からソフトバンクに入った武田翔太選手。もうひとりは、いま早稲田大学のエースとして活躍している有原航平選手ですね。

ラガー　大屋さん、有原選手は広陵高校（広島）で甲子園に出てるけど、おかわり君も武田投手も甲子園には出てないですよ（笑）。

大　屋　あれ？　そうか（笑）。でも、有原のチェンジアップは圧巻でしたよ。チェンジアップであれだけ空振りが取れて、膝元にコントロールできる子というのは、日本人の高校生では初めてみましたね。

ラガー　甲子園大会で活躍した選手でもっと誰かいませんか？　この本、『甲子園あるある』だからね（笑）。

大　屋　そうですねぇ……（辻内崇伸／大阪桐蔭高ですかね。

ラガー　辻内はスゴかったですよね。僕も見て驚いた。甲子園の場合、スピードガンの位置的な問題なのか、右投手に比べて左投手の方がちょっと速度が出にくいんですよ。それなのに150キロ台を連発して、最速は156キロ！　甲子園がどよめきましたから。

大　屋　でも、プロでは大成できなかったですよね。もっと活躍すると思ったんだけどなぁ。

ラガー　彼は2年生の夏も投げてましたし、その時点で僕らスカウトの中では肘が壊れているという情報が流れていました。痛みがあって、鎮痛剤を服用しながら投げていると。だから、3年の夏は男気を見せたピッチングやった。線香花火の最後の瞬間のように。まあ、それを乗り越えてメジャーまで上がっていく者もいれば、甲子園に選手生命かけて投げる人間もおるということですよ。

大　屋　そうだったんですか⁉　身体も大きいし、左腕だし、期待してたんだけど。

ラガー　でも、ケガをしても復活して戻ってくる人間もいる。中日の平田良介（大阪桐蔭高）も肩を脱臼したまま入団して、それから手術をした。そして今もがんばっている。だから、ケガを承知で入団させることもあるんです。

大　屋　どこまで回復するかとか読めないですもんね。そこは運というか、スカウトにはそういう難しさもあるんですね。そういえば最近よく、「日本の高校野球は投げ過ぎだ」なんてことを言われることがありますよね。その辺は、大リーグのスカウトである大屋さんとしてはどうお考えですか？

ラガー　いやいや、そんなことないと思いますよ。やっぱりプロになるからには、投げすぎどころか投げなきゃ商売にならないわけですよ。ある程度タフな人間でないとプロでは通用しないと思うんです。

大　屋　うん。そうですよね。

ラガー　ただ、昔は先発した人間は「投げきれ！」「もうお前に一試合任せたぞ」という時代でしたけど、最近は高校野球でも分業化が進んでいますよね。そういった意味では、だんだんアメリカ式に移行してきているのかなと思います。ダルビッシュがそうなんですよ。肩肘を壊さないために「連投させない、球数は守ってくれ」ということが前提で行ったのが東北高校（宮城）。まあ、彼自身は燃えてたくさん投げることもあったけどね（笑）。

ラガー　でも去年のセンバツで、済美高校（愛媛）の安楽智大投手が一大会で８００球近く投げて、大問題になりましたよね。

大屋　数を投げたから壊れるというんじゃなく、やっぱり度が過ぎる球数を投げれば誰だって悲鳴をあげますよ。だけど、アスリートは、限界を経験することでようやく新記録が出せる。そうでしょ？　９秒台で走るのには10秒の限界を破らないと。校庭10周走ったことない人間が１００周は無理やからね。

《少しずつ「野球」が「ベースボール」になってきた》

大屋　僕がいま、「野球は今後こうなったらいいな」と思うことがひとつあるんです。バスケットボールは日本でもアメリカでも「ＢＡＳＫＥＴＢＡＬＬ」ですよね。海外でも柔道は「ＪＵＤＯ」です。リレーで長距離走ることを海外でも「ＥＫＩＤＥＮ」って言いますよね。だから、これからは「野球部」じゃなくて「ＢＡＳＥＢＡＬＬ部」と呼ぶべきなんじゃないかなって。ワールドワイドのスポーツにしていきたいんであれば、そういう時代が来たんじゃないかなと思うんですね。実際、ここ数年の間で、ストライクとボールカウントの順番が入れ替わったり、ストライクゾーンの問題とかいろんな部分で、少しずつ「野球」が「ベースボール」になってきたのかなとも感じるんですよ。

ラガー ベースボール部かぁ。なんだか新鮮ですね。

大屋 大事なのは、ルールも道具も統一していく、ということです。特にこの数年の間でよく言われるボールなんかそうでしょう？　日本とアメリカでボールの基準が全然違う。これは一番大きな問題ですよね。せっかく日本のプロ野球のレベルが上がってきているにもかかわらず、世界大会になったと同時に「ボールの違い」で問題がしょっちゅう起こっている。だから、使う道具自体も規格をある程度ベースボールに近づけなきゃいけない時代が来ているんじゃないのかな、と。ボールが違えば、打ち方も投げ方も変わってくるわけですから。

ラガー 去年のWBCもなかなか点が取れなかったもんね。なるほど。

大屋 こんな話をすると、「野球からベースボールに変えるだなんてどういうことだ！」という人も出てくる。だけど、本当に中身を説明したら「そやなぁ」というのがわかると思うんです。柔道を「ジャパニーズ・レスリング」って言われたら嫌でしょ!?　でも、世界中どこでも「JUDO」って呼んでくれてるわけですから。

ラガー 技の名前も、「IPPON」とか「YUKO」ですからね。

大屋 野球もその部分は「入った、外れた」じゃなくて、「ストライク、ボール」としているんだから、「ベースボール部」でもええやん。「日本高校ベースボール連盟協会」でええやん、と。もちろん、日本の高校野球の歴史やこれまでの功績はスゴいですよ。だけれども、これからまた新たな歴史を塗り替えていきましょうよ、と。スポーツというのは「世界中で同じルールで戦えるもの」というのが原則だと僕は思うんです。去年のＷＢＣを観てから、より強く「ベースボール」という呼び方を広めていくべきやなと思うようになりましたね。

ラガー　勉強になります！　いろいろ貴重なお話をありがとうございました。それじゃ次にお会いするのは、また夏の甲子園ですかね？

大　屋　そうですね。また今年も暑い夏が始まりますね。本音を言えば、朝早くから甲子園に通うなんて正直厳しいんですよ。もう「何がおもろいんやろ？」と思うこともあるんです（笑）。

ラガー　いやあ、だけど甲子園はやっぱりおもしろいんじゃないですかね？

大　屋　そう！　「ハマる」って言葉がありますよね。「ハマってしまう」ともいう。いい意味でも悪い意味でも使いますけど、甲子園にハマっていく人をいっぱい見てますからね。８号門クラブなんか、みんな家族みたいなもんですよね。善ちゃんも含め、あの人たちを見ていると、僕も今の仕事を辞めてもたぶん甲子園に通いそうですわ（笑）。

ラガーさんと学ぶ

甲子園あるあるトリビア

甲子園に響く大会歌「栄冠は君に輝く」誕生秘話

〝雲はわき、光あふれて……〟と、高校野球ファンならずとも聞き覚えのあるこの曲は、ご存じ夏の甲子園大会歌の「栄冠は君に輝く」である。副題は「全国高等学校野球大会の歌」といい、1948（昭和23）年に夏の甲子園大会を主催する朝日新聞社が、全国的に歌詞を募集した。

当時、石川県で文筆活動をしていた加賀大介（かが だいすけ）氏は作詞した後、婚約者の道子さんへのプレゼントとして作者を「加賀道子」として応募。すると応募総数5252通のなかから最優秀作品として見事当選を果たした。それから長い間、作詞者は「加賀道子」になっていた。

しかし夏の甲子園が日本中で空前の盛り上がりをみせ、大会歌も有名になるにつれて、加賀氏は悩んだ。本人の名前ではなく、婚約者の名前で応募したことを気にしていたのだ。20年間も悩み続けていた加賀氏は、1968（昭和43）年の第50回大会の時に、全てを明らかにした。以降、作詞者は正式に「加賀大介」となっている。

その加賀氏は17歳の時、野球で負った右足の擦り傷が原因で右足を切断。野球のできない身体になってしまった加賀氏は、白球を追いかけた自分の少年時代の想い出や、断念せざるを得なかった甲子園への憧れを胸に秘め、作詞したという。

ちなみにこの大会歌は事情があって校歌のない学校が勝利した場合にも、演奏される規則になっている。

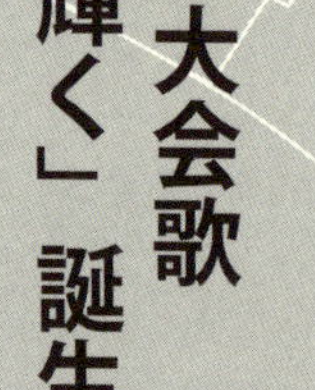

ラガーさん推薦

甲子園あるある名鑑　監督編①　1970年代以前

原　貢／三池工（福岡）～東海大相模（神奈川）

9回出場　17勝7敗　優勝2回　準優勝1回

強気な野球で2度の栄冠に輝いた闘将

1965年夏。三池工を率いて奇跡の優勝を遂げ、炭坑町の大人に希望を与える。1970年夏にも東海大相模で再び優勝。同校では息子・辰徳との親子鷹でも話題をさらった。

蔦　文也／池田（徳島）

14回出場　37勝11敗　優勝3回　準優勝2回

豪快な超攻撃野球で甲子園に革命をおこした「攻めだるま」

打って打って打ちまくる「やまびこ打線」で1980年代前半を席巻。筋力トレーニングで打撃をパワーアップさせるその方法論はトレンドに。「大酒呑みキャラ」でも親われた。

尾藤　公／箕島（和歌山）

14回出場　35勝10敗　優勝4回

はつらつとした「のびのび野球」で史上3校目の春夏連破

トレードマークは「尾藤スマイル」。選手と共に泣き笑い、泥だらけになって戦った名将は、個性を大事にした「のびのび野球」で1978年の春夏連破を含め4度甲子園を制した。

ラガーさん推薦
甲子園あるある名鑑
監督編②　1980年代

前田三夫／帝京（東東京）
26回出場　51勝23敗　優勝3回　準優勝2回

22歳の若さで監督就任して、いきなり「お前達を甲子園に連れて行く！」と宣言。その通り無名の私立校だった帝京を横綱に育て上げた熱血漢。闘志溢れる試合運びが魅力。

渡辺元智／横浜（神奈川）
27回出場　51勝22敗　優勝5回　準優勝1回

酒と喧嘩にあけくれた失意の日々を経て甲子園屈指の名将に

プロ野球選手の夢破れ、自暴自棄の中で見つけた監督道。不屈の闘志で就任5年後の1973年春に初優勝。強豪となった横浜からは松坂大輔ら多くのプロ選手が生まれている。

中村順司／PL学園（大阪）
16回出場　58勝10敗　優勝6回　準優勝2回

勝率．8割5分3厘！「最強のPL」で6度の優勝を果たした最高勝率監督

1981年からの18年間で積み上げた勝利数は58（歴代2位）。しかも強いだけでなく、桑田真澄、清原和博、立浪和議ら多くの一流プロを輩出した指導力もずば抜けていた。

イニング8

甲子園あるある
8号門&ラガーさん編

甲子園8号門クラブ、そしてバックネット裏の住人ラガーさんならではのディープで不思議な「あるある」を集めてみました。ようこそ、ラガーワールドへ！

233 甲子園大会前日の大会リハーサルの日に8号門クラブの仲間が集まる

大会リハーサル日は、8号門クラブにとってもリハーサル日。挨拶をして「さぁ、今年も始まるんだ！」とスイッチが入る。入場行進や選手宣誓の流れを確認するだけと思われがちなこのリハーサル。実際には挨拶のリハーサル（？）も行われ、毎年西宮市長がスピーチを行う。ただ本番同様、その内容はあまり頭に残っていない。ちなみにリハーサルであってもバックネット裏最前列に座るのはお約束。高野連さん、太っ腹です。

ラガーさんの1日

4時	起床
4時15分	寝床片付け
4時30分	甲子園横のトイレで歯磨き、洗顔
5時30分	コンビニで朝食買い出し
6時	全日警の警備係員さんによる点呼(割り込み禁止、チケットの確認のため)
6時30分	最前列でスタンバイ
7時	開門
7時5分	最短ルートでバックネット裏最前列へ移動
7時10分	最前列のいつもの席を確保
7時30分	ノック開始
8時	第一試合開始
10時30分	第2試合開始（予定）
12時	隙を見て昼食
13時	第3試合開始（予定）
15時30分	第4試合開始（予定）
18時頃	ファンと記念撮影
19時	8号門に“帰宅”
19時30分	場所取りをしてから8号門クラブの仲間と打ち上げ
21時	コインランドリーで洗濯、銭湯で入浴
22時~24時	就寝 or 雑談

※甲子園8号門クラブとは
「甲子園8号門」とは、バックネット裏の中央特別自由席に通じる門のこと。甲子園大会期間中、全試合をバックネット裏の特等席で観戦するため、8号門の前で寝袋にくるまって夜を明かし、開門と同時にバックネット裏の"定位置"にダッシュする熱狂的な高校野球ファン集団。構成人数は100人を超えるとも。

234 朝、自分のいつもの席に座ると、もう1日が終わった気分になる

甲子園では毎朝4時に起床。開門までは3時間。とくに最後の10分がやたらと長く感じる。そして7時、開門と同時に最短ルートでいつもの〝指定席〟に向かってダッシュ！　過去に一度、スロープのところで転んでしまって、あやうく席を確保できなくなりそうなこともあった。もうすぐ50歳の身には堪えるばかり。結果、〝指定席〟に座った瞬間、ちょっとした満足感を得てしまって試合開始前に一仕事終わった気がしてしまう。

235 突然、眠気に襲われるのはナゼだろう？

夜、熟睡できないからか、夏の暑さのダメージが体に蓄積されるからなのか、第2試合、第3試合くらいに突然眠気が襲ってくる。目の前ですばらしいプレーを続ける球児たちに失礼のないよう、観る側も集中しなければと反省することばかり。ちなみに、夏の甲子園大会は午後3時30分までは太陽の日差しが強く、3時30分を過ぎるとだいぶ涼しくなる。ラガーさんでもときどき、早く3時30分にならないかと思う時がある。

236

8号門で生活していると、近所の人から差し入れをいただくことがある

朝晩、8号門クラブに差し入れを持ってきてくださる地元住民の方がいる。もう、とにかく感謝、感謝、感謝。人のやさしさや温かさを感じることができるのも、甲子園大会の魅力のひとつ。

237

8号門周辺にはトイレが近くにないのが地味に困る

トイレがないのも困っているが、コンビニエンスストアも近くになく、何かと不便。あれだけ人が集まる場所なのになぜ？　だからこそ、球場前のダイエー甲子園店の存在がありがたい。（笑）

238

ダイエー甲子園店の食品コーナー、狙い目は午後9時すぎ

毎日「生活」するからこそ大事なのが食事。美味しくて健康的で、それでいて安くなければＮＧ。そこで重宝するのが球場前のダイエー甲子園店。地下2階の食品コーナーには値引きタイムがあり、午後9時すぎが狙い目。（笑）

239

甲子園大会中だけでいいので、ダイエー甲子園店が24時間営業にならないかと思う

ダイエー甲子園店の営業時間は午前10時から午後10時まで。近くにコンビニがないため、この店には本当にお世話になりっぱなし。一説には全国にある数あるダイエーの中で売り上げ日本一との噂。

240 8号門クラブでは待機中、「2時間以内に戻ること」という決まりがあるため、結局コインランドリーにしか行けない（涙）

よく、「夜は大阪や神戸観光を楽しんでいるんですか？」という質問をされることがある。でも、試合終了とともに8号門の前に並んでおかないといけないし、仲間内では「食事も含め、自由時間はひとり2時間まで」という決まりがあるため、あまり遠くに出かけることができない。その結果、コインランドリーとダイエーの往復で自由時間が終わってしまうことがしばしば。行動範囲は年々狭くなっているのを実感する。（笑）

241

試合が終わり8号門に帰って並ぶ準備をしていると、高校野球ファンの人から「もう並ぶのですか?」と驚かれる

以前は朝から並んでもいい席を確保することができた。ところが、松坂世代が活躍した1998年頃から8号門前に並ぶ人が増え出し、今では試合が終わってすぐに並ばないと、いつもの席には座れなくなってしまうのだ。

242
就寝時、お盆を過ぎるとバスタオルだけでは少し寒いときがあり、季節の移ろいを感じる

夏の大会中はいつもバスタオルをかけて寝ている。大会序盤は寝苦しい夜も多く、夜中の変な時間帯に目が覚めてしまうときもある。でも、毎年お盆をすぎたあたりから徐々に夜中の時間帯が過ごしやすくなり、日によっては若干肌寒いと感じてしまうことも。夏から秋へと季節が変わり始めたことを実感するとともに、今年の大会ももう残りあとわずかなんだなぁと思って少ししんみりしてしまう。

243

センバツ期間中の夜は寒さとの戦い

バスタオル1枚で快適に過ごすことができる夏の大会と違って、センバツの夜は寒さとの戦い。寝袋にくるまってじっと朝が来るのを待つ日々。あまりの寒さに夜中の変な時間に目が覚めてしまうことも。

244

分厚いダンボールを見つけると「今日は良質なベッドで寝れる！」と喜ぶ

8号門で生活する上では段ボールが必需品。分厚く丈夫なダンボールを入手できると、なんとなく嬉しい気分に。そのせいか、最近では甲子園大会以外でもスーパー等でついついダンボールのチェックをしてしまう。（笑）

245

「誰が一番速い球を投げたか？」と聞くと、たいてい「江川卓」と返ってくる

毎晩8号門前で並んでいるときに、過去の球児にまつわる思い出話に花が咲く。「歴代最速投手は誰だ？」という話題がでると、8号門クラブの中では「江川卓」（作新学院）と答える人が多数を占める。

246

甲子園名物の浜風はバックネット裏まで届くとクーラー代わり

夏の大会中、グラウンドの照り返しもあって４５℃ぐらいの気温になるバックネット裏。あまりのアッさに目玉焼きが焼けるんじゃないかと思うときもある。それだけに、時々、浜風がネット裏を抜けるとすごく助かる。

247

大力食堂にはお世話になりっぱなし

毎年、お世話になっているのが大力食堂さん。宅急便で送る荷物を預かってもらっているが、こころよく親切に対応してくれる。感謝。甲子園に来たら、大力食堂のデカ盛りカツ丼は一度食べてもらいたい。

248

雨が降った後のバックネットへのファウルボールは要注意

雨が降ったあとにファウルボールがネット裏に飛んでくると、ネットにたまった雫が飛び散ってびちゃびちゃになる！　水難といえば、阪神園芸がグラウンド整備で水まきをする際、最前列の指定席にいると水がけっこうかかってしまう。

249

大会8日目ぐらいに休養日が欲しい

2013年の大会から準決勝前に休養日が設けられた。投手の連投を防ぐための措置だけれど、「大会8日目ぐらいにも休養日を」と、選手よりも自分の体調を優先して考えてしまう。野宿の身には大会中盤が一番堪える。

250

バックネット裏最前列は打球の飛距離がわかりにくいが、投手のスピード、変化球の曲がり方などがよくわかる。

やはり球速150キロは迫力満点。でも痛感するのは投手はスピードよりコントロールだということ。コントロールされた低めの球はやっぱり打たれない。また、最前列に座ると高身長選手の投げ下ろす感じがよくわかる。

251

朝、8号門にプロ野球のスカウトも行列に並ぶが、一般人と体つきが違うのですぐわかる

体格の良さ、肌のツヤと張り、日焼けの度合いなど、明らかに一般人とは異なるスカウトの皆さん。ちなみに、ラガーさんも「実際に会うとお肌がツルツル」と言っていただくことがある。甲子園での日光浴効果なのか!?

252

8号門で生活していると情報が遮断されるので、ちょっとした浦島太郎気分が味わえる。

テレビや新聞もない生活になるので、世の中の話題から取り残されるときがある。2005年に優勝投手になった斎藤佑樹（早稲田実業）があの年、「ハンカチ王子」と呼ばれていたことは東京に帰ってきてから知った。

253

決勝戦の朝、なんとなく8号門でクラブの仲間とお別れの挨拶をする。

試合が終わってすぐ帰る人、閉会式まですべて見てから帰る人と、大会最終日・決勝戦後の過ごし方は結構バラバラ。そのため、朝のうちからお別れの挨拶がはじまる。ラガーさん的には寂しく感じる一コマ。

254

夏の大会の閉会式後、8号門メンバー同士のお別れの挨拶は「良いお年を!」

大会期間中は家族のように付き合う8号門クラブのメンバー。でも、基本的には甲子園でしか会わない人たちばかりで、次に会えるのは翌春のセンバツ大会。夏の大会最終日は、8号門クラブ的には大晦日に当たるのだ。

〈8号門クラブあるある〉

255
朝、8号門の大行列を何とも言えない目で眺めている人が結構いる

256
8号門で寝ていると、地元の観戦仲間が朝の4時頃に来て起こされる

257
朝、球場の開門時間が早くなる時がある。

258
8号門クラブでは、試合中、球場内でのアルコールは禁止

259
試合中、8号門グラブの仲間の野次や声援に応える選手がいる！

260
8号門で寝ていると、球場前の高速道路の音や暴走族の通る音がたまに気になる

261
8号門で寝ていると熟睡できないせいか、変な夢ばかり見てしまう

262
大会中はよく、「今日は何曜日？」の質問が飛び交う。

263 お金があっても宿泊より8号門での野宿を選んでしまう

264 蚊取り線香や虫刺されよけスプレーを持っていると英雄扱いしてもらえる

265 明日の球審予想大会が突然バックネット裏で始まる

266 ホームでのクロスプレーは審判よりも早く「アウト！」とコールしてしまう

267 8号門では熟睡できないので、ラガーさん的に雨で中止になると、嬉しく感じることがある！

〈ラガーさんあるある〉

268
6月頃から汗をかき、熱中症対策を始める

269
甲子園期間中はやたらと電話とメールが増える。

270
甲子園大会が終わり、自宅のベッドで寝ようとするが、何か落ち着かない

271
甲子園に到着して大力食堂に挨拶に行く度に、いつも藤坂さんの奥さんから「太ったね」と言われる

272
阪神甲子園駅にあった立ち食いそばの店がなくなったのは、ラガーさんにとても残念

273
夏の甲子園大会は年々猛暑になっているので、クーラーボックスに氷が必需品

274
野球ファンの方から　ラガーシャツ何枚持っているんですかと？とよく聞かれる！

275
バックネット裏の金網にいるセミやトンボを見て季節の移ろいを感じる

276
ファンの人から「自分の高校のスクールカラーの色のラガーシャツを着てください」と言われる

277
全試合ラガーシャツを変えているので、前日まで何色のラガーシャツを着ていたかわからなくなるときがある

278
開会式と閉会式、バックネット裏正面の席は目の前に大会役員がいてほとんど見れない

279
最近、ラガーさんの偽者が出てきた（怒）

280
夏の大会が終わり、普段の生活に慣れるには約1ヶ月かかる。

281
甲子園大会中は「ラガーさん」として人気者になった気がするが、終わった瞬間に普通の人になった気分になる

282
毎年、全試合を一番いい席で観戦しているのに、一ヶ月もしたらほとんど忘れてしまっているという悲しさ

283
いつもの指定席、審判が邪魔になってよくプレーが見えないこともある。

284
最前列の席は結構狭いので、同じ列の人にどいてもらわないとトイレに行けない。

285
2週間分のラガーシャツを荷造りしていると「あぁ、今年も甲子園が始まるんだな」としみじみ感じる

286
毎年、夏の甲子園期間中に誕生日を迎える。つくづく、甲子園と縁があるなぁと思う。

ラガーさんと学ぶ
甲子園あるあるトリビア

勝っても校歌が歌えない学校があった!?
夏の甲子園珍事件簿

2014年で96回を数える夏の甲子園大会。長い歴史のなかには、数々の名勝負や好試合が繰り広げられてきた。しかし一方では、試合や勝敗とは関係のないところで、予想外の珍事件も起きているのだ。

優勝旗を掲げた主将を先頭に、優勝校が甲子園球場内を一周するというのは、閉会式では当たり前の光景である。ところが過去、この場内一周を断ったチームがあった。

1919（大正8）年、第5回大会で優勝した神戸一中（現神戸高）の米田信明主将は優勝したにも関わらず、場内一周を拒否。米田氏は後に「母校の名誉のために頑張っただけで（行事になっていた）場内一周について、我々は見世物ではないのだから断った」と語っている。神戸一中はこの年の高等学校への入学率、つまり今でいうと大学への進学率でも全国一位となり、「文武両道の模範校である」と、各方面から絶賛されたという。

1938（昭和13）年の甲子園出場をかけた兵庫大会は大忙しだった。当時、関西地方を襲った水害の影響で、兵庫県内の交通機関は壊滅状態に。兵庫大会は延期され、他地区の代表が続々と決定する8月3日にようやく開幕。甲陽中（現甲陽学院高）が甲子園出場を決めたのは、全国大会開幕の前日という、ギリギリの日程であった。そのせいで甲陽中は前日の試合で真っ黒に汚れたユニフォームを着たまま甲子園での入場行進を行い、他校のピカピカのユニフォームと比較され、ひときわ目立ってしまったという。

時代は過ぎて1986（昭和61）年、第68回大会の宇都宮工（栃木）対桐蔭高（和歌山）試合でも事件は起きた。当時の甲子園球場のスコアボードは、高校名を入れる電光掲示板は3文字しか入らず、宇都宮工業高校は「宇都宮」と表示されていた。しかし同校のOBが「地元で親しまれている〝宇工〟で表示してほしい」とクレームをつけ、試合中にスコアボードの校名が変更。相手の桐蔭高は動揺したわけではないだろうが、この直後に逆転を許して、宇工が勝利したのだった。

その2年後の1988（昭和63）年の第70回大会では、滝川二高（兵庫）と高田高（岩手）が1回戦で対戦。8回裏二死まで滝川二高が9対3でリード。ここで試合序盤から降り続いていた雨が強くなり、試合は11分中断。その後、降雨コールド試合となり、勝利した滝川二高の校歌斉唱は、激しい雨のせいで中止になってしまった。そして滝川二高は次戦の東海大甲府（山梨）との試合に敗れ、甲子園で勝利したにもかかわらず、校歌を歌うことはできなかった。

最後は甲子園球場に現れた、思わぬ訪問者について。1998（平成10）年、第80回大会の7日目第2試合の途中、バックネット裏特別席から三塁側特別自由席にかけて2000匹のハチの大群が飛び交い、スタンドは騒然となった。数人の観客が刺され、救護室で手当を受ける騒動となり、甲子園球場付近の専門業者が〝珍客〟たちを駆除したという。

栽弘義／豊見城～沖縄水産（沖縄）

17回出場　27勝17敗　準優勝2回

ハンデを跳ねのけて沖縄から本土に挑んだ信念の男

「本土を追い抜く！」という信念で沖縄の野球を発展させた最大の功労者。豊見城時代には3年連続夏ベスト8。沖縄水産では2年連続夏準優勝と悲願まであとわずかに迫った。

高嶋仁／智辯学園（奈良）～智辯和歌山（和歌山）

34回出場　63勝31敗　優勝3回　準優勝3回

豪打の智弁和歌山を率いる甲子園最多勝利監督

強力打線で甲子園に乗り込み63勝をマーク。しかもそのほとんどが智辯和歌山の監督に就任した1993年に積み重ねたもの。この20年間どれほど強かったのか、驚かされる。

馬淵史郎／明徳義塾（高知）

25回出場　44勝24敗　優勝1回

バッシングに耐え忍んでの初優勝に涙した勝負師

「松井秀喜5打席連続敬遠」といった非情な采配で物議をかもすこともしばしば。しかし「情の人」という素顔を持つ人物であり、2002年夏の初優勝ではその目に涙が光った。

ラガーさん推薦

甲子園あるある名鑑 監督編④ 2000年代以降

小倉全由／関東一（東東京）～日大三（西東京）

18回出場 32勝16敗 優勝2回 準優勝2回

「監督を男に！」選手から厚い信望を寄せられる人情派監督

人情派で熱血漢。強力打線の日大三を率いて毎年ワクワクさせてくれるのだが、2001年夏はチーム打率．4割2分7厘で優勝。2011年夏は全試合2桁安打で優勝まで駆け上った。

木内幸男／取手二～常総学院（茨城）

22回出場 40勝19敗 優勝3回 準優勝2回

「木内マジック」でゲームを支配した遅咲きの勝負師

1983年夏。取手二でKKのPL学園（大阪）を破って初優勝。常総学院ではゲームの流れを読み切った予測不能の采配「木内マジック」が冴え渡り、2度の優勝を遂げた。

西谷浩一／大阪桐蔭（大阪）

9回出場 27勝6敗 優勝3回

21世紀の最強軍団「大阪桐蔭」を率いる新時代の名将

ここ10年、圧倒的な存在感を放つ大阪桐蔭の立役者。2012年には藤浪晋太郎を擁して春夏連破。西岡剛、中村剛也、中田翔ら多くのプロ選手を育ててきた指導法も光る。

イニング9

あとがき

最後までお付き合いいただきありがとうございました。

あとがき

はじめて甲子園球場に足を踏み入れたのは小学校6年生のときでした。

あれから35年。この間、高校野球への情熱は冷めることなく、ずっと甲子園大会に夢中になってきました。1999年からは春・夏の全試合を甲子園のバックネット裏で観戦し続けてきました。

だから、前著『甲子園のラガーさん』を出せただけで、僕は十分幸せでした。

それなのに、二冊目の本を出す機会をいただいたことにビックリするとともに、感謝の気持ちでいっぱいです。オークラ出版、ならびに編集をしていただいたデュマデジタルの皆さん、ありがとうございます。

また、忙しい中、僕なんかと対談する機会を作っていただいた大屋博行さん、上重聡さんと日本テレビさん、三田紀房さんと講談社週刊ヤングマガジン編集部の皆さんにもこの場を借りて感謝申し上げます。

対談した大屋博行さん、上重聡さん、三田紀房さんが、三人とも同じ内容のことを言っていたのが驚きでした。それは、「甲子園大会を支えているのは、観客席を埋め尽くすファンである」ということです。

ずっと甲子園大会を見続けていますが、こんなにも嬉しい言葉はありません。もちろん、この言葉は僕だけではなく、全国の高校野球ファン、甲子園フリークの皆さんに向けられた言葉だと思います。

この本を作る過程で、今後のテーマというか、最終目標がわかってきたような気がします。いま、世の中は「ゆるキャラ」ブームです。船橋のふなっしー、熊本のくまモンや今治市のバリィさん。野球の世界でも阪神のトラッキー、ヤクルトのつば九郎、中日のドアラのように、愛されるキャラクターが求められています。

残念ながらというか幸いにしてというか、高校野球の世界にはそういったキャラクターはまだいないと思います。だから、この年齢で恥ずかしいのですが、僭越ながら自分が「甲子園のゆるキャラ的存在」として、もっともっと皆さんに愛されるキャラクターになれないかなと考えています。そのためにも、人間的にまだまだ成長しなければならないなと思う今日この頃です。

今年も夏の甲子園の季節がやって来ました。僕はこの本を作ったことで、例年以上に早く、熱くスイッチが入っています。今年はいったいどんな「あるある」に出会うことができるのか、今から楽しみで仕方がありません。

最後まで読んでくださり、本当にありがとうございました。これからも「ラガーさん」をどうぞよろしくお願いいたします。それではまた、甲子園でお会いしましょう！

参考文献リスト

『高校野球「名監督列伝」』（ベースボール・マガジン社）
『高校野球小僧 2012 年夏号』（白夜書房）
『大阪桐蔭高校野球部 最強新伝説』（ベースボール・マガジン社）
『高校野球 21 世紀伝説』（ベースボール・マガジン社）
『高校野球春夏 甲子園スラッガー伝説』（日本スポーツ出版社）
『激闘甲子園「不滅の大記録」』（宝島社）
『高校野球 忘れじのヒーロー』（ベースボール・マガジン社）
『地域別高校野球シリーズ Vol.2 大阪の高校野球』（ベースボール・マガジン社）
『地域別高校野球シリーズ Vol.3 東京の高校野球』（ベースボール・マガジン社）
『地域別高校野球シリーズ Vol.5 神奈川の高校野球』（ベースボール・マガジン社）
『地域別高校野球シリーズ Vol.8 東北の高校野球 II』（ベースボール・マガジン社）
『全国高等学校野球選手権大会史』（朝日新聞社）
『不滅の高校野球』（ベースボール・マガジン社）
『高校野球［あの記憶］』（ベースボール・マガジン社）
『高校野球　甲子園「記録の 90 年」』（ベースボール・マガジン社）
『高校野球の事典』（三省堂）
『ドキュメント横浜 vs.PL 学園』（朝日新聞社）
『スカウト魂』（安倍昌彦／日刊スポーツ出版社）
『砂の栄冠』（三田紀房／講談社）
『甲子園のラガーさん』（善養寺隆一／オークラ出版）

善養寺隆一（ぜんようじ　りゅういち）＝ラガーさん
1966年8月13日、東京都豊島区生まれ、48歳。都内在住。独身。小学校から野球を始め、中学時代はライトでレギュラーとして活躍。左投左打。都立文京高校に進学した後、選手生活に別れを告げ野球マニアの道に進む。父が起業した「あかぎ印刷」に18歳のときに就職。1999年から、春の選抜、夏の選手権大会を全試合を甲子園のネット裏最前列で観戦。黄色い帽子とラガーシャツがトレードマーク。夢は都立文京高校をネットで応援すること。

＊＊＊＊＊＊＊＊＊＊＊＊＊

〔STAFF〕
編集・著者：善養寺隆一
構成：オグマナオト
制作進行：表　敏
装丁デザイン：渡辺晃彦
イラスト：山口　葵
制作協力：山本貴政
表紙写真：鈴木雷人
取材協力：日本テレビ放送網株式会社、株式会社講談社
写真協力：朝日新聞社
企画・制作：有限会社デュマデジタル

書名　ラガーさんの嗚呼、青春の甲子園あるある
2014年8月12日　初版発行

著者　善養寺隆一
発行人　長嶋うつぎ
発行所　株式会社オークラ出版
〒153-0051　東京都目黒区上目黒1-18-6
03-3792-2411（営業部）
03-5766-5201（編集部）
http://www.oakla.com

印刷・図書印刷株式会社

ISBN 978-4-7755-2275-2